AF536781

Petra Ahne

HÜTTEN

Obdach und Sehnsucht

NATURKUNDEN

INHALT

Vorwort 7

URSPRUNG

Nur wer im Paradies lebt, braucht kein Haus: Adam baut eine Hütte. Oder war es doch Eva? 16

Vitruv stellt sich die Urhütte vor und liegt ziemlich richtig 19

»Und der Mensch ist behaust«: Jesuitenpater Laugier glaubt auch zu wissen, wie alles begann 21

Le Corbusier plant Visionen aus Beton, für sich aber eine Hütte aus Holz 27

Alter Traum, neuer Traum 36

OBDACH

»Ein schreckliches Dasein und doch sind wir alle recht glücklich«: Shackletons Antarktisexpedition endet unter zwei umgedrehten Ruderbooten 44

Alexis de Tocqueville sucht die Wildnis und findet ein Zuhause da, wo er es am wenigsten erwartet 50

Die Europäer erobern einen Kontinent, und die Hütte macht es möglich 52

Vom Blockhaus ins Weiße Haus: Eine Hütte bekommt ein Denkmal 56

Scharfe Kanten 62

ABSEITS

Ein Mann lebt seit 55 Jahren in einer Hütte und macht sich immer noch verdächtig **70**

Wem nützt ein Mensch, der allein im Wald wohnt? Die Kirche traut ihren Eremiten nicht **73**

Eine Frau in einer Hütte? Das muss eine Hexe sein **76**

Amerika sucht den Unabomber und findet ihn in einer Hütte in den Bergen **79**

Hütte an Hütte **90**

SEHNSUCHT

Henry David Thoreau zieht zum Walden Pond und schenkt einer Fantasie ihre Bibel **98**

Der Adel schätzt die Hütte zur Gefühlserzeugung und bucht den Einsiedler gleich dazu **105**

Sind wir alle Schmuckeremiten? Einmal mehr erzählt die Hütte von der Freiheit, sich zu beschränken **112**

Angekommen **120**

Literaturverzeichnis **127**

Abbildungsverzeichnis **131**

für Max

NATURKUNDEN № 53
herausgegeben von Judith Schalansky
bei Matthes & Seitz Berlin

VORWORT

An einem grauen Tag im März wurden wir zu Hüttenbesitzern. Als wir am Feldrand parkten, stand das Ehepaar Trettin schon auf der Terrasse, er mit einem dicken Aktenordner unter dem Arm, sie mit einem entschlossenen Lächeln im Gesicht, das nicht verbarg, dass ihr eigentlich gar nicht zum Lächeln zumute war. Herr Trettin öffnete die Tür zum Bungalow, Frau Trettin sagte: »Lassen wir die Männer mal das Technische besprechen«, und winkte meinen Mann in Richtung der beigebraunen Sitzgarnitur. Sie und ich blieben auf der Terrasse, wir schauten auf die Eichen, hinter deren kahlen Ästen der See lag wie eine braungrüne Decke. Frau Trettin erzählte von den Sommern, in denen sie mehr hier gewesen waren als in der Wohnung in Berlin, davon, wie ihre Kinder vormittags zur Badestelle verschwanden und nachmittags wiederkamen und wie ihr Mann manchmal noch Anfang November in das eiskalte Wasser getaucht war, weil es nicht anging, dass Bielecki von nebenan, der tags zuvor noch drin gewesen war, sich als härter erwies. Durch das Fenster sah ich, wie Herr Trettin den Aktenordner übergab, in dem die Geschichte des Bungalow B34 seit seiner Errichtung 1974 dokumentiert war.

Die Trettins überließen uns nicht nur ihren Bungalow, sie übergaben uns den Ort ihrer Erinnerungen. Sie waren jetzt über 70, die Kinder waren lange groß. Eigentlich, sagte Frau Trettin, hätten sie das Grundstück nur noch, weil sie so daran hingen. Sie schluckte.

Mein Mann und Herr Trettin kamen aus dem Bungalow. Noch die Unterschrift unter den Vertrag, dann würde er uns gehören. Es war schnell gegangen, wie so oft, wenn ein Haus in Brandenburg sich als Refugium für stadtmüde Berliner Familien empfahl. Sie waren viele, die stadtmüden Berliner Familien, fuhren schon Stunden, nachdem das neue Angebot des Immobilienportals auf ihren Mobiltelefonen gebrummt hatte, in ihren Großraumwagen vor und hatten Exposés dabei, in denen sie sich als die einzig würdigen Nachfolger für das Kleinod empfahlen.

Auch ich hatte einen Suchauftrag gespeichert, in einem Radius von 50 Kilometern um ein Dorf, das meinem Mann und mir einmal bei einem Wochenendausflug sehr gefallen hatte, quasi halb Brandenburg. Eine sehr diffuse Ortsangabe, genauso diffus wie die Sehnsucht nach dem Wochenendhäuschen im Grünen, in dem das Leben runtergefahren würde, dazu das Rauschen des Waldes. Unzählige Fotos von Brandenburger Häusern erschienen auf dem Handydisplay, oft mit ebenso faszinierenden wie verstörenden Inneneinrichtungen. Viele löschten wir gleich, manche Häuser besichtigten wir, bei keinem kam die Sehnsucht so richtig in Fahrt.

Auch das Foto von dem winterstruppigen Gärtchen mit dem Häuschen aus Hartfaserplatten und Wellbit-Dachtafeln war eigentlich nur bedingt geeignet, einen zum Träumen zu bringen. Aber irgendetwas brachte mich dazu, sofort die Handynummer zu wählen, die in der Anzeige stand. Der freundliche Herr Trettin war dran, überrascht, dass sein Verkaufsgesuch schon im Umlauf war, ich sei die erste Anruferin, sagte er. Am nächsten Tag blickte ich zum ersten Mal von der Terrasse ins lichte Braungrün und den gleichfarbigen See dahinter, betrat das vor dieses beruhigend wirkende Landschaftsgemälde gesetzte Häuschen, und da war es eigentlich schon um mich geschehen.

In den exakt 34 Quadratmetern saß ein ganzes Leben – schlafen, kochen, sich waschen, wohnen. Kleiner ging es kaum und doch passte alles rein. Das hier war nicht mehr als ein Raum, den man um sich errichtet, weil der Mensch nun mal einen Raum braucht, der ihn trennt von Welt und Natur. Letztere begann gleich hinter der Tür, See, Wald, Felder und nichts sonst. Und auch wenn das nicht ganz stimmte – der Bungalow saß am Rand einer sogenannten Naherholungssiedlung –, wusste ich plötzlich: Ich hatte die ganze Zeit kein Haus gewollt. Sondern eine Hütte.

Ich fragte mich, warum dieses winzige Haus mehr in mir auslöste als die ganzen anderen, die ›Bauernhäuser im Dornröschenschlaf, mit Nebengelass‹ oder die ›Sanierungsobjekte für Individualisten‹. Es rührte an etwas, und das hatte mit seiner Größe zu tun. Ich wollte es nicht obwohl, sondern weil es so klein war. Etwas Uraltes steckte darin, etwas bestechend Einfaches, das, was ein Haus ursprünglich einmal war: ein geschützter Raum, ein Obdach. Jedes Haus, jede Wohnung ist das immer noch, ein Leben scheint uns erst dann ganz aus den Fugen zu geraten, wenn jemandem das Dach über dem Kopf abhandengekommen, er obdachlos geworden ist. Bloß gerät diese einfachste Funktion fast in Vergessenheit, weil das Wohnen noch anderes erfüllen muss. Es setzt uns in Szene, unsere Vorstellungen von Geschmack, Behaglichkeit und, gegebenenfalls, Wohlstand. Ein Haus aber gibt es, das wieder bloßlegt, warum der Mensch begonnen hat, Wände um sich zu ziehen, und das ist die Hütte.

Als Kind wünschte ich mir ein Tipi, quasi die indianische Variante der Hütte. Es stand dann monatelang in der Mitte meines Zimmers, die vier Stangen, um die sich der Stoff spannte, stießen fast an die Decke. Ich erinnere mich an das wohlige Gefühl, wenn ich durch die runde Öffnung an einer Seite in die Dunkelheit kroch. Die Stimmen meiner Eltern erreichten mich noch, aber sie betrafen mich nicht mehr. Ich war woanders, die Wohnung war zum Draußen geworden. Als Kinder spielen wir nach, was es heißt, einen Ort zu schaffen, der uns umfängt und die Welt ausschließt, eine Decke über dem Tisch, ein großer Pappkarton, mehr braucht es nicht. Das erste Haus, das wir malen, sieht immer gleich aus: vier Striche, zwei nach oben, zwei schräg darüber, bis sie sich treffen. Zwei Wände, ein Dach: eine Hütte.

Die Hütte scheint tief in uns drin zu sitzen. Der Philosoph Gaston Bachelard hat vor gut 60 Jahren ein Wort dafür gefunden, die Gravüre. In seiner wunderbar grüblerischen *Poetik des Raums* beschäftigt er sich mit Räumen und den Assoziationen, die sie hervorrufen. Gravüren nennt er Räume und Häuser, die unweigerlich Gefühle auslösen, sobald wir nur ein Bild von ihnen sehen. Sie scheinen uns an etwas zu erinnern, das wir möglicherweise gar nicht erlebt haben, weil sie so beladen sind mit Bedeutung. Die Hütte ist für ihn so eine Gravüre. Eingeschrieben ins kulturelle Gedächtnis, immer schon da gewesen. Wir sehen eine Hütte in einem Wald, auf einer Alm, in einer Naherholungssiedlung in Brandenburg und denken uns sofort hinein in das Leben, das darin möglich sein müsste: ein anderes, echteres, einfacheres, ein Leben in und mit der Natur. Gaston Bachelard nennt das den Hüttentraum.

Ich wollte mehr wissen über diesen Hüttentraum, in den ich in einem DDR-Bungalow in Brandenburg so plötzlich geraten war. Ich wollte verstehen, warum uns die Hütte, dieses einfachste Haus, so berührt. Es wurde eine Reise zu wirklichen und ausgedachten, zu erhaltenen und verschwundenen Hütten, und am Ende ist dieses Buch daraus geworden.

Mit dem Architekten Vitruv bin ich auf die Suche nach der ersten, der Urhütte, gegangen, und mit den Denkern der Aufklärung über 1500 Jahre später auch. Ich bin mit Alexis de Tocqueville in der Zeit zurückgereist, zu den Blockhütten amerikanischer Pioniere, und mit dem 100 Jahre alten Tagebuch eines Mitglieds einer Antarktisexpedition zu einer Insel im Südpolarmeer, auf der er mit 21 anderen in einer wackeligen Hütte im Eis überlebte. Ich habe über 200 Jahre alte Zeitschriften gelesen, in denen man sich in Hüttenzeichnungen hineinträumen konnte wie heute in die verführerischen Hüttenfotos der Coffee-Table-Bücher. Ich habe einen Mann getroffen, der seit 55 Jahren allein in einer Hütte lebt, und ein junges Paar, das seine Wohnung gegen ein sogenanntes *Tiny House* getauscht hat. Ich stand in der winzigen ›Cabanon‹ an der Riviera, in der der Architekturvisionär Le Corbusier glücklich war wie nirgends sonst, vor dem Nachbau des Holzhauses, in dem Henry David Thoreau das Hüttenleben für immer zum Ideal hat werden lassen, und vor der Hütte, in der der Harvard-Absolvent Ted Kaczynski über 20 Jahre hinweg Briefbomben baute und mit ihnen seinen Hass auf die Moderne explodieren ließ.

Die Hütten ähnelten sich mitunter, ihre Bewohner – meist war es nur einer und meist ein Mann – nicht. Es gibt viele Gründe, eine Hütte zu beziehen. Oft ist es einfach das Haus, das die Umstände hergeben: weil man ein Schiffbrüchiger ist, der auf einer vergletscherten Insel auf Rettung wartet, oder ein amerikanischer Pionier, der sich mit einer undichten Bleibe aus halbierten Baumstämmen die Natur vom Leib hält. Die Pioniere verließen ihre Blockhütten, sobald sie konnten, und zogen in ordentliche Häuser. Von da aus verklärte sich der Blick auf die Härte des Hüttenlebens. Nur so konnte es passieren, dass ein amerikanisches Nationaldenkmal heute noch eine in einem neoklassizistischen Monumentalbau eingesargte Blockhütte ist: In ihr soll Präsident Abraham Lincoln geboren worden sein.

Wer sich aus dem Hüttendasein herausarbeitet, hat das Zeug zum Helden, wer sich aber freiwillig für sie entscheidet, erregt Verdacht. Er führt wohl nichts Gutes im Schilde, warum sonst sollte er Einsamkeit und Wildnis dem Leben in der Gemeinschaft vorziehen. Die alleinstehende Hütte kann schnell ins Sinistre kippen. Man kann nie wissen, was hinter ihrer Tür geschieht. Großmütter können vom Wolf gefressen, Ehemänner betrogen, Bomben gebastelt werden.

Die Hütte ist also nicht nur ein Versprechen, nicht nur der Ort des vermeintlich einfacheren, bewussteren, besseren Lebens. Doch sie kann es jederzeit werden, seit mindestens 800 Jahren, als der Japaner Kamo No Chōmei sich in eine Hütte in den Bergen zurückzog und von dort die Menschen bemitleidete, die sich für »Ruhm und Reichtum« abrackerten.

Daran hat sich nicht viel geändert. Die Hütte, aufreizend klein und elementar, stellt die Frage, wie wir leben wollen, was eigentlich wichtig ist, und dafür sind wir Bewohner des so verwirrenden und erschreckenden frühen 21. Jahrhunderts jederzeit zu haben. Aber wir sind auch träge und schaffen darum oft nicht mehr als den tröstenden Blick auf das übersichtlichere Leben, ohne Ballast und nah an der Natur, das die Hütte zu versprechen scheint. 500 000 Menschen besuchen jedes Jahr den Walden Pond, an dessen Ufer die Nachbildung des Häuschens steht, in das Henry David Thoreau für zwei Jahre zog. Auf der Internetseite *cabinporn.com* kann man sich durch Fotos von Hütten aus der ganzen Welt klicken. Millionen Menschen tun das.

Und manche werden selbst zu Hüttenbewohnern. Einige ganz, weil sie es ernst meinen mit dem einfachen Leben. Die meisten hin und wieder. Auch das ist nicht neu, bereits im 18. Jahrhundert war die in weitläufigen Anwesen dekorativ platzierte Hütte der Ort, an dem man zeigte, dass man einen Sinn für das Schlichte und Unverfälschte hatte, um dann wieder in den komfortablen Alltag im Herrenhaus zurückzukehren. Dabei ist es im Wesentlichen geblieben. Eine Hütte ist eine subtilere Inszenierung als etwa eine Villa, aber nicht weniger wirksam. Sie gibt vor, nichts darzustellen, und tut es gerade darum: Wer hier wohnt, ist bodenständig und naturverbunden, das ist ihre Botschaft. Zumindest von Freitagabend bis Sonntagnachmittag.

Während ich mich mit den Hütten beschäftigte und den Fantasien und Sehnsüchten, die sie umgeben, wuchs an dem kleinen See in Brandenburg auch eine. Den Bungalow B34 gibt es nicht mehr, 40 Jahre hatten ihm zugesetzt. Wir entschieden uns, ihn abzureißen, an seine Stelle setzten wir ein Häuschen aus Holz. Es ist vor Kurzem fertig geworden.

URSPRUNG

01

02

03

01, 02 Die Architektur begann mit der Vertreibung aus dem Paradies, so die Theorie des Renaissance-Künstlers Antonio Filarete. Adam, zunächst verzweifelt (01), baut bald eine Hütte für sich und Eva (02).

03 Die Frage, wie die ersten Behausungen wohl aussahen, beschäftigte Architekturtheoretiker immer wieder. Hier eine Version von Eugène Viollet-le-Duc.

04 Gern versuchte man sich in der Aufklärung an Bau-Evolutionen, von der ersten Hütte ins Heute. Aus William Chambers *A treatise on civil architecture*, 1759.

05 Antoine Laugier war überzeugt, aus der »Urhütte« Regeln für gute Architektur ableiten zu können. Frontispiz seines *Essai sur l'architecture*, 1753.

06 In der Natur und doch abgegrenzt von ihr: Adam, Eva und ihre Söhne auf einem Gemälde von Paolo Veronese, um 1580.

The Primitive Buildings &c.
The First sort of Huts.
The Second sort of Huts.
The Third sort of Huts which gave birth
The Doric Order in its
Improved State.
Origin of the Corinthian Capital.

04

05

06

NUR WER IM PARADIES LEBT, BRAUCHT KEIN HAUS: ADAM BAUT EINE HÜTTE. ODER WAR ES DOCH EVA?

Er kann einem leidtun, dieser Adam. Ganz nackt steht er da, presst die Handfläche an die Schläfen, als könne er nicht fassen, was ihm passiert ist. Der Blick ist leicht nach oben gerichtet, vielleicht hofft er, dass der, der ihm das eingebrockt hat, es sich doch nochmal anders überlegt. Aber von oben kommt nicht die Stimme Gottes, sondern bloß Regen. Wahrscheinlich wird Adam in diesem Moment klar, was es bedeutet, aus dem Paradies geflogen zu sein.

Die zarte Zeichnung befindet sich am Seitenrand einer italienischen Handschrift aus dem 15. Jahrhundert, ihr Urheber ist ein Bildhauer und Architekt namens Antonio Filarete. In seinem *Architekturtraktat* in 25 Bänden entwirft er die Idee einer idealen Stadt, zunächst aber klärt er, wie es seiner Meinung nach losgegangen ist mit der Architektur: mit Adam nämlich, kurz nachdem er, der erste Mensch, von einem erzürnten Gott aus dem Paradies geworfen wurde.

Adams ganze Fassungslosigkeit über das, was ihm passiert ist, steckt in der Zeichnung. Gerade noch war er eins mit der Welt oder mit dem, was er von ihr kannte. Nun wird der Garten, in dem er mit Eva lebte, von Cherubim mit Schwertern bewacht, um ihn am Zurückkommen zu hindern, und es regnet. Adam muss etwas tun, er muss sich schützen vor dieser feindselig gewordenen Umgebung. Er braucht ein Haus.

Die Zeichnung auf der nächsten Seite von Antonio Filaretes Traktat zeigt, wie es weitergeht. Adam scheint sich gefasst zu haben. Er ist nicht mehr nackt, sondern trägt eine Art Tunika, und er wirkt tatkräftig: Mit beiden Füßen steht er auf einem langen Ast, den er mit den Händen zu sich biegt, um ihn zu brechen. Ein Stück entfernt sein fast vollendetes Werk: ein Gerüst aus Ästen und darübergelegten belaubten Zweigen als Wand. Eine Hütte.

Zwischen Hütte und Adam sitzt ganz entspannt Eva, in der rechten Hand hält sie einen Stock. Es sieht so aus, als würde sie mit dessen Spitze etwas auf den Boden malen. Vielleicht eine Zeichnung, wie sie sich ihre Unterkunft vorstellt? Dann stünde ihr der Titel zu, den Filarete Adam verleiht: Er ist für ihn der Erbauer des ersten Hauses. Der erste Architekt.

Die Illustration ist die älteste erhaltene Zeichnung, die darüber spekuliert, wie die erste Behausung des Menschen ausgesehen haben könnte. Viele folgten über die Jahrhunderte, und immer waren Hütten darauf zu sehen. Die Frage, wann der Mensch zu bauen begann, sollte ihre Faszination nicht mehr verlieren.

Für den gläubigen Renaissance-Künstler Filarete musste der Beginn des Hausbaus in den biblischen Schöpfungsbericht eingepasst werden. Die Vertreibung aus dem Paradies erschien ihm als der logische Moment – denn von einer Behausung Adam und Evas im Garten Eden ist in der Bibel nicht die Rede. Die Bäume dort sind »verlockend anzusehen und gut zu essen«, als Baumaterial werden sie nicht in Betracht gezogen. Adam und Eva bekommen von Gott zwar Aufgaben zugewiesen, sich ein Haus zu errichten, gehört aber nicht dazu. Sie sollen nur den Garten »bebauen und bewahren«, was, wie an anderer Stelle steht, keine Arbeit ist, die Adam ins Schwitzen brächte.

Wer im Paradies lebt, braucht offenbar kein Haus. Das braucht nur, wer der Mühsal des Menschseins ausgesetzt ist. Wer dem Acker eine dürre Ernte abringt und unter Schmerzen Kinder in die Welt setzt, wie es Gott Adam und Eva gegenüber wütend ankündigt. Und dann auch noch feststellt, dass es regnet. Dieser Mensch braucht einen Rückzugsort, an dem er für eine Weile wenigstens das Gefühl haben kann, nicht schutzlos in die Welt geworfen zu sein.

In der Bibel steht allerdings auch nichts über ein Haus Adams und Evas nach der Vertreibung aus dem Garten Eden. Überhaupt schweigt das Alte Testament über die Gefühlslage des Paares, nachdem es vom verbotenen Baum der Erkenntnis gegessen und Gottes Zorn auf sich gezogen hat. Diese Lücke haben die Menschen später selbst gefüllt, mit Texten und Bildern. In *Leben Adams und Evas*, einem lateinischen, ab dem 1. Jahrhundert nach Christus viel übersetzten und gelesenen Text, steht zum Beispiel:

Nachdem sie aus dem Paradies vertrieben waren,
erbauten sie sich eine Hütte,

und sie verbrachten sieben Tage trauernd,
in großer Trübsal klagend

Tröstlich ist, dass die beiden wenigstens zuerst die Hütte bauten und sich dann ihrem Leid hingaben. Ab der Renaissance werden Adam und Eva in ihrem neuen Leben ein beliebtes Motiv in der Malerei, auch da gehört die schützende Hütte immer dazu.

Auf manchen Bildern baut Adam sie noch, während Eva sich um die beiden Söhne kümmert, nach dem Rauswurf aus dem Paradies ist sie schnell schwanger geworden. Auf anderen Gemälden ist die Hütte fertig und Teil einer neuen Harmonie, einer selbstbewussten Menschwerdung. In Paolo Veroneses *Adam und Eva nach der Vertreibung aus dem Paradies* etwa, entstanden um 1580, lagert die vierköpfige Familie in lieblicher Landschaft. Eva stillt das eine Kind und sieht dabei Adam zu, der aus einer Quelle Wasser schöpft. Der andere Sohn liegt im Gras auf dem Rücken und betrachtet eine Ziege. Die Hütte ist mehr ein Unterstand, nach drei Seiten offen, sie besteht vor allem aus einem über Astgabeln gelegten Dach aus Zweigen und Blättern. Die Grenze zur Natur ist fließend, und doch lässt erst die improvisierte Hütte die Szene so häuslich wirken. Das Bild zeigt nicht mehr die Mühen, sondern die Privilegien des Menschseins: sich einen Ort zu schaffen, über den der Mensch bestimmt. An dem er der Natur nicht mehr ausgeliefert ist, sondern sich aus ihr nimmt, was er braucht. Ein Zuhause. Adams und Evas Hütte stellt nichts dar, sie ist nicht groß, sie ist Bauen in seiner grundlegendsten Form: Sie schafft ein Drinnen, wo vorher nur Draußen war. Sie ist ein Anfang.

Etwas von diesem Anfang scheint noch in jeder Hütte zu stecken, bis heute. Sie behauptet, über die Notwendigkeit nicht hinauszugehen, ist die Reduktion des Wohnens auf seine essenziellste Bedeutung. Sie ist ein Zwitter, bereits Architektur, aber auch noch Unterschlupf.

Wir mögen heute in Hochhäusern und Reihenhäusern leben, in Villen mit zwanzig Zimmern oder in Wohnungen mit zwei. Doch alles begann in einer Hütte.

VITRUV STELLT SICH DIE URHÜTTE VOR UND LIEGT ZIEMLICH RICHTIG

Folgenreiche Überlegungen, wie diese Urhütte wohl aussah, stellte 1500 Jahre vor Antonio Filarete schon Vitruv an, ein römischer Architekt und Ingenieur. Dessen *Zehn Bücher über die Baukunst* kannte Filarete. Über Vitruv, geboren im 1. Jahrhundert vor Christus, weiß man nicht viel, außer, dass sich für ihn eine Hoffnung erfüllt hat, die er selbst formuliert hat, nämlich »durch Herausgabe dieser Bücher der Nachwelt bekannt« zu sein. Das ist ihm gelungen, die einzige aus der Antike erhaltene Schrift über das Bauen ist sein bis heute vielzitiertes Werk.

Die *Zehn Bücher* sind eine handfeste Einweisung in den Architektenberuf, inklusive des einzuhaltenden Säulenabstands beim Tempelbau und Ratschlägen, wie man die Dachterrasse eines Stadthauses wasserdicht bekommt. Vitruv unternimmt aber auch ein Gedankenspiel, das bis ins 20. Jahrhundert in vielen Varianten wiederholt werden wird. Er denkt sich weit zurück in der Menschheitsentwicklung, lässt die gesamte Geschichte des Bauens zusammenschnurren auf einen Moment. Den Moment nämlich, in dem das erste Haus entsteht – in dem die Menschen, die bis dahin »wie die wilden Tiere in Wäldern, Höhlen und Hainen« lebten, begannen

> *Dächer aus Laub zu bauen, andere, am Fuß der Berge Höhlen zu graben; einige stellten – die Nester der Schwalben und ihre Konstruktionen imitierend – Örtlichkeiten aus Lehm und Reisig her, in denen sie Unterschlupf fanden. Dann brachten sie – fremde Unterkünfte begutachtend und durch eigene Überlegungen neue Elemente hinzufügend – Tag für Tag bessere Spielarten von Hütten hervor.*

Wieder ein erstes Haus. Wieder eine Hütte. Vitruv hat zwar keine Zeichnung angefertigt, beschreibt aber präzise, wie sie ausgesehen haben muss: aneinandergelehnte Äste, Zweige in den Zwischenräumen, dazwischen Lehm zum Abdichten, darüber Stämme und darüber wieder Schilf und Laub. Wände, die zugleich Dach sind – die denkbar einfachste Konstruktion und gleichzeitig ein folgenschwerer Schritt: Der Mensch, der ein Haus baut, zieht eine Wand zwischen sich und die Welt. Er ist nicht mehr abhängig von dem, was die Natur ihm an Schutz bietet, sondern bedient sich der Mittel, die sie ihm bereitstellt, und schützt sich fortan selbst.

Im ersten Haus steckt schon das ganze Versprechen der Zivilisation: Der Mensch benutzt die Natur, um sie hinter sich zu lassen.

In einem schummrig beleuchteten Raum am Rand von Nizza kann man sich überzeugen, dass Vitruv sehr richtiglag mit seiner Beschreibung der ersten Häuser. Dort wurden nämlich Spuren einer solchen Urhütte entdeckt, sie sind 400 000 Jahre alt. Es war ein zufälliger Fund, bei Grabungen für den Bau eines Apartmentblocks in den Sechzigerjahren. Zuerst tauchten auffällig viele Tierknochen und Steinwerkzeuge auf. Als Archäologen dann noch eine Reihe tiefer, breiter Löcher im Boden entdeckten, von denen immer zwei nah beieinanderlagen, waren sie sicher, auf die ältesten Spuren einer menschlichen Behausung gestoßen zu sein, die jemals gefunden worden waren. Errichtet vom Vorgänger des Homo sapiens, dem Homo erectus.

Der Apartmentblock, ein elegantes Haus mit blau-weißen Markisen und Blick auf den Yachthafen, wurde trotzdem gebaut, doch unter ihm liegt jetzt ein Museum. Die Fundstelle bildet sein Zentrum, sie ist dramatisch ausgeleuchtet und bleibt doch rührend unspektakulär. 120 Quadratmeter Sand, Steine und, wenn man genau hinsieht, mehrere tiefe Löcher. Die wenigen Spuren genügten, um zu rekonstruieren, wie die Urhütten von Nizza aussahen: In den Löchern mussten dicke, oben gegabelte Äste gesteckt haben, durch große Steine gesichert, die sogar noch herumlagen. Die Astgabeln trugen einen Balken, der wiederum dünneren Ästen Halt gab, die, schräg in den Boden gesteckt, sich in der Mitte trafen: Wand und Dach zugleich, so, wie Vitruv es sich vorgestellt hatte.

Die Hütte war groß, etwa sechs mal zwölf Meter. Platz genug für eine Gruppe, Männer, Frauen und Kinder, die für eine Weile hier wohnten und dann weiterzogen. Eine Jagd- und Wohngemeinschaft aus etwa 15 Personen. Sie lag am Strand und dass ihre Spuren über so einen gewaltigen Zeitraum hinweg erhalten blieben, liegt daran, dass das Meer bald eine Schicht Kiesel über alles gelegt hat. Weitere Lagen Erde und Sand folgten im Laufe der Jahrtausende.

Im Jahr 2000 wurden auch in Japan Pfostenlöcher und Werkzeuge gefunden, nordwestlich von Tokio, erhalten unter einer dicken Schicht aus Flussablagerungen. Ihr Alter wurde auf 500 000 Jahre datiert. Dies gilt nun als der Zeitpunkt, an dem die Architektur begann – mit einer Hütte.

Vitruv hatte recht mit seiner Vorstellung von der Urhütte, doch es gab im Laufe der Jahrhunderte auch ganz andere, abenteuerliche Ideen über ihr Aussehen. Das lag daran, dass Architekturtheoretiker sie ungeniert benutzten, um eigenen ästhetischen Ideen Gewicht zu verleihen. In der Urhütte steckte die Autorität des Anfangs: Was der unverbildete, noch fast instinkthafte Impuls, sich zu schützen, hervorgebracht hatte, musste so etwas wie eine Wahrheit enthalten. Man glaubte, aus der Bauweise der Urhütte Regeln für die Architektur an sich ableiten zu können. Da aber eben niemand genau wusste, wie die ersten selbst gebauten Behausungen aussahen, ließen sie sich hervorragend vereinnahmen für eher eigennützige Zwecke. Besonders blühten die Urhütten-Fantasien in der Aufklärung, in der man ohnehin von der Idee des Ursprungs fasziniert war.

»UND DER MENSCH IST BEHAUST«: JESUITENPATER LAUGIER GLAUBT AUCH ZU WISSEN, WIE ALLES BEGANN

Im Jahr 1753 landete auf dem Schreibtisch eines Mitarbeiters der königlichen Zensurbehörde in Frankreich – im Ancien Régime benötigte jedes Buch eine Erlaubnis zur Veröffentlichung – ein Manuskript mit dem Titel *Essai sur l'architecture*. Nach der Lektüre sah sich der Beamte genötigt, seinem Vorgesetzten einen Brief zu schreiben: Ihm liege da ein von Genie zeugendes Werk vor, das im Ton aber doch oft direkter sei, als sich gezieme. Darum bitte er um Erlaubnis, sich mit dem Autor zu treffen.

Es ist nicht bekannt, zu welchen Änderungen der Zensor den 36-jährigen Autor namens Marc-Antoine Laugier überredete – der *Essai sur l'architecture* ist jedenfalls immer noch eine forsche Schrift, meinungsstark, großspurig. So hatte bislang kaum jemand über Architektur geschrieben. Das Buch wurde ein Erfolg.

Laugier behauptet, nichts weniger zu liefern als eine Anleitung für gute und vermeintlich richtige Architektur, und dafür macht er es wie Vitruv, dessen *Zehn Bücher* er als umfassend gebildeter Jesuitenpater selbstverständlich kennt. Auch er geht an den Anfang des Bauens zurück, genauer: Er erfindet eine Geschichte vom Anfang. Und am Anfang steht: die Hütte.

Bei Laugier wird der Mensch aus der Not zum Hüttenbauer. Zuerst ist alles gut, er

> *entdeckt am Ufer eines friedlichen Bächleins eine Wiese, deren frisches Gras sein Auge erfreut und deren weiches Bett ihn einlädt; er tritt heran und während er sanft ausgestreckt auf dem glänzenden Teppich ruht, sind seine Gedanken nur darauf gerichtet, in Frieden die Gaben der Natur zu genießen; nichts fehlt ihm, und er verspürt keinen Wunsch.*

Laugiers Mensch ist eins mit der Natur – für einen Moment. Dann aber wird das wärmende Sonnenlicht zur »brennenden Sonnenhitze«. Die Harmonie ist aus dem Gleichgewicht geraten und sie lässt sich nicht wiederherstellen. Um der Sonne zu entkommen, zieht sich der Mensch in den schattigen Wald zurück. Doch kurz darauf beginnt es zu regnen. Er sucht Schutz in einer Höhle, aber die ist ihm bald zu muffig und dunkel. Der Mensch geht zurück in den Wald, »fest entschlossen, durch seine Geschicklichkeit der Rücksichtslosigkeit und Unaufmerksamkeit der Natur abzuhelfen«.

Er sieht Äste auf dem Boden liegen und hat eine Idee. Die Äste eignen sich, so wie sie sind, für deren Umsetzung, wie ein Selbstbedienungsladen stellt die Natur bereit, was nötig ist. Laugiers Mensch rammt vier Äste in den Boden, so dass sie ein Quadrat bilden, legt weitere vier darüber und über diese wiederum Zweige, die er so aneinanderlehnt, dass sich ihre Enden berühren. »... et voilà l'homme logé«, heißt die charmante Formulierung, mit der Laugier das Ergebnis zusammenfasst: Und der Mensch ist behaust.

Laugiers Erzählung vom ersten Hausbau der Menschheitsgeschichte ist ziemlich knapp für die kühne Schlussfolgerung, die er nun zieht: »Diese kleine rustikale Hütte, die ich gerade beschrieben habe, war das Modell, von dem alle Herrlichkeit der Architektur ihren Ausgang nahm.« Modell, das heißt: Vorbild. Sie war perfekt, diese erste Hütte. Perfekt in ästhetischem Sinn: nur aus dem Nötigsten bestehend. Aus dem, was unabdinglich ist, um dem Bedürfnis, sich zu schützen, nachzukommen. »In den wesentlichen Teilen liegt alle Schönheit«, doziert Laugier und verknüpft in einem raffinierten argumentativen Kniff seine frei erfundene Erzählung mit einer ästhetischen Handlungsanweisung. Schön ist nämlich, was richtig ist. Und was richtig ist, gibt die Natur vor. Das hat Laugier gleich am Anfang seiner Schrift festgelegt: »Die Architektur ist wie alle anderen Künste beschaffen, das heißt ihre Prinzipien beruhen auf der einfachen Natur, und das Verhalten der letzteren bestimmt klar die Regeln der ersteren.« Die einfache Natur, das ist auch der in einer nicht näher bestimmten grauen Vorzeit angesiedelte frühe Mensch, der mit seinem instinkthaften Vorgehen, mit dem er für Laugier von den nestbauenden Vögeln gar nicht so weit entfernt ist, das erste Haus schafft.

Dieses erste Haus wird so zum Maßstab und zum Korrektiv. »Durch eine Annäherung beim Bauen an die Einfachheit dieses ursprünglichen Modells werden grundlegende Fehler vermieden und wird echte Vollkommenheit erreicht«, schreibt Laugier und informiert auch gleich, wie diese Annäherung gelingen kann: indem ein Architekt in seinen Gebäuden möglichst nur jene »wesentlichen Teile« verwendet, die sich auch schon in seiner Hütte finden – Säule, Gebälk und Giebel, zufällig zentrale Bestandteile griechischer Architektur, die Laugier schätzte. Auch in einer Zeit, die, ermüdet von den Spielereien des Barock und Rokoko, Schlichtheit in der Architektur zu schätzen begann, war das eine radikale Forderung nach Reduktion.

Von Türen, Fenstern oder Wänden ist gar nicht erst die Rede, wo diese doch für Laugiers schutzsuchenden Menschen am wichtigsten gewesen sein dürften. Diese Schwachstelle in seiner Argumentation redet er ungerührt weg: »Allerdings werden ihm in seinem nach allen Seiten offenen Haus Kälte und Hitze sehr unangenehm; er wird also den Raum zwischen den Pfeilern ausfüllen und auf diese Weise geschützt sein.« Wände gehören für Laugier zu den Teilen eines Hauses, die unerlässlich und darum erlaubt sind – schöner machen sie es für ihn nicht.

Laugiers Hütte ist ein theoretisches Konstrukt, eine Argumentationshilfe. Deswegen ist sein Mensch auch so allein. Er hat niemanden an die Seite bekommen, keinen Gefährten, keine Frau. Er ist ein einsames Exemplar, er macht alles allein durch, die Suche nach Schutz vor der unwirtlichen Natur, den Bau seines Unterschlupfes. Laugier interessiert sich nicht für diesen Menschen, um ihn geht es nicht. Es geht – das Wort benutzt er mehrmals – um das Prinzip.

Das Frontispiz auf der zweiten Ausgabe des *Essai* bekräftigt dies noch: Eine Frauengestalt sitzt auf den Trümmern einer reich verzierten Säule – in ihrer linken Hand hält sie Winkelmaß und Zirkel, die Insignien der Architektur, die rechte zeigt in den Bildhintergrund. Neben ihr steht ein speckiger Putto, er sieht in die Richtung, in die der ausgestreckte Arm weist. Da steht die erste Hütte. Die Stämme, die das Dach aus Ästen tragen, wachsen aus der Erde. Diese Hütte hat die Natur fast allein geschaffen. Ein Bewohner ist nicht zu sehen, die wandlose Konstruktion hat auch nichts von einem Unterschlupf. Am ehesten erinnert sie an einen Tempel.

Es ist ein ziemlich komplizierter Aufbau, dafür, dass er aus dem schlichten Wunsch nach Obdach entstanden sein soll. Das fanden auch manche Zeitgenossen Laugiers, es gibt Kritiker seiner Theorie. Einer poltert besonders ungnädig los: »Was soll uns das, du neufranzösischer philosophierender Kenner, daß der erste zum Bedürfnis empfindsame Mensch vier Stämme einrammelte, vier Stangen darüber verband und Äste und Moos drauf deckte?« Es ist der 23-jährige Johann Wolfgang von Goethe, der sich so aufregt. Auch er hat seine Zweifel, dass eine erste Hütte die aufwendige Form gehabt hätte, die Laugier ihr gibt:

> *Und, es ist noch dazu falsch, dass deine Hütte die erstgeborne der Welt ist. Zwei an ihrem Gipfel sich kreuzende Stangen hinten, zwei vorne und eine Stange quer über zum First ist und bleibt, wie du alltäglich an den Hütten der Felder und Weidenberge erkennen kannst, eine weit primärere Erfindung;*

von der du nicht einmal Prinzipium für deine Schweineställe abstrahieren könntest.

Es ist ziemlich übellaunig, wie der junge Sturm-und-Drang-bewegte Dichter auf den 20 Jahre älteren Laugier losgeht, aber er hat recht: Zu offensichtlich ist, dass Marc-Antoine Laugier Argumente suchte, um seiner Sicht auf Architektur Allgemeingültigkeit zu verleihen, und sich sein wichtigstes Beweisstück so zusammenzimmerte, dass es passte.

Das ist die Schwäche der meisten Urhütten-Erzählungen, von denen es im 18. Jahrhundert nicht wenige gibt: Man weiß vorher schon, was man beweisen will. Um ein Früher geht es nicht, es geht um das Jetzt. Zeichnungen aus der Zeit zeigen skurrile Zwitter, stallartige Gebäude mit strohgedecktem Dach, gestützt auf Stämme, die aber schon angeordnet sind wie die Säulen eines griechischen Tempels.

Manche Denker zeigen viel Einsatz, um nachzuweisen, dass die Architektur wie alle Künste die Natur nachahme. Der Architekt Charles Ribart de Chamoust entdeckt auf seinem Anwesen mehrere einander gegenüberliegend gewachsene Bäume und ist begeistert von diesem »natürlichen Raum«. Er lässt sie auf die gleiche Höhe stutzen, Balken und ein Dach darüberlegen und schreibt ein Buch mit dem unverblümten Titel *Die in der Natur entdeckte Französische Ordnung*. Er ist so entzückt von seiner Arbeit, dass er sein Werk König Ludwig XVI. präsentiert.

Die Beweisführungen umgehen den Menschen weitestgehend, auf den kommt es nicht so sehr an. Es gibt aber auch andere, bei denen es wimmelt von frühzeitlichen Menschen. Sie frieren, kriechen aus ihren Höhlen, sammeln Äste, rammen sie in den Boden, sehen den Vögeln beim Nestbau zu und irgendwann steht eine erste Behausung. Das ist der Ausgangspunkt für immer solidere, prächtigere Häuser.

Solche Bau-Evolutionen waren im 18. Jahrhundert gut geeignet, um sich seiner selbst zu vergewissern. Der Hausbau galt neben der Sprache als entscheidendes Merkmal des Menschseins, war aber unübersehbar auch schon in Tieren angelegt, die Nester bauten und sich in Höhlen zurückzogen. Wo war die Grenze? Wo begann der Mensch, was machte ihn aus? Die Welt begann zu schrumpfen, Missionare und Weltreisende kamen mit Berichten zurück, wie etwa Stämme in Amerika oder Menschen auf pazifischen Inseln lebten. Diese wurden umstandslos einer früheren Entwicklungsstufe zugeschlagen. Joseph-François Lafitau, ein Missionar, der in Kanada die Lebensweisen verschiedener Stämme systematisch verglich, schrieb zum Thema Architektur: »Die Hütten jeder Nation zeigen noch die Armut und Genügsamkeit derer, die in der Kindheit der Welt geboren wurden.«

Die »Kindheit der Welt« glaubte man in den Salons in Frankreich selbstverständlich hinter sich gelassen zu haben. Das nicht nur positiv zu sehen, kommt erst nach und nach in Mode, vor allem dank Jean-Jacques Rousseau, der mit seiner These Furore macht, die zivilisierte Gesellschaft habe sich von einem ursprünglichen, glücklichen Zustand entfernt.

Eher liest man aus den Erzählungen über die ersten Häuser aber den Drang, sich von deren Erbauern abzugrenzen, deutlich heraus. Eugène Viollet-le-Duc etwa, Baumeister und Verfasser des Jugendbuchs *Histoire de l'habitation humaine*, beschreibt sie als »ungelenke Wesen, ihre Haut in blassem Gelb, ihre Schädel mit dünnem schwarzem Haar bedeckt, das über ihre Augen fällt, ihre Nägel krumm«. Die Hütte steht an einem zivilisatorischen Anfang, genau wie ihre Bewohner, und beider Entwicklung hängt miteinander zusammen.

Es gibt einen Roman, in dem sich diese Entwicklung im Schnelldurchlauf vollzieht. In Daniel Defoes *Robinson Crusoe* – im Original *The Life and Strange Surprizing Adventures of Robinson Crusoe, of York, Mariner* –, erschienen 1719, rettet sich ein junger Mann nach einem Schiffsuntergang als einziger Überlebender auf eine unbewohnte Insel. Ein Mensch, schutzlos ausgesetzt der Natur und ihren Gefahren. Es ist exakt die Konstellation der Urhütten-Erzählungen. Robinson Crusoe hockt in der ersten Nacht verängstigt auf einem Baum. Am zweiten Tag baut er sich aus einem Stück Segel und Holzstangen ein Zelt. Am vierzehnten Tag sucht er sich einen besseren Platz für seine Behausung. An erhöhter Stelle, an der er sich sicher fühlt und in deren Nähe es eine Quelle mit Süßwasser gibt, baut er eine Mauer, die er selbst nur mit einer Leiter überwinden kann, dahinter spannt er die Plane und gräbt eine Kammer in den angrenzenden Hügel, um Vorräte unterzubringen. Als er 28 Jahre später gefunden wird, hat er seine Behausung zu einer kleinen Festung ausgebaut, die er »Burg« nennt, er hat zwei Felder angelegt, auf denen er Reis und Gerste anbaut, er hat einen Zweitwohnsitz im Landesinneren und einen Diener, Freitag, »mein Wilder« nennt er ihn. Crusoe hat die Ordnung hergestellt, die dem weißen bürgerlichen Mann naturgegeben schien. Was als Unglück begann, ist zum Triumph geworden. Angefangen hat er in dem Moment, in dem er vom Gestrandeten zum Hüttenbewohner wurde. Mit dieser Basis konnte Robinson Crusoe beginnen, die exotische Natur um sich herum dienstbar zu machen.

Die Frage nach dem Ursprung des Wohnens hörte bis ins 20. Jahrhundert nicht mehr auf, ihre Faszination zu verlieren. Doch ganz nebenbei geschah der Hütte etwas Unerwartetes: Sie wurde zur Architektur.

LE CORBUSIER PLANT VISIONEN AUS BETON, FÜR SICH ABER EINE HÜTTE AUS HOLZ

Es sind nur wenige Meter von Eileen Greys Villa zu Le Corbusiers Hütte. Ein paar Steintreppen hinauf, über die Terrasse des früheren Restaurants, in dem Le Corbusier so gerne aß, und da steht sie: ein trutziges Viereck, ein Grundriss von nicht mal vier mal vier Metern, die Fassade aus groben halbierten Baumstämmen, mehr schützender Wall als bloße Außenhaut.

Wenn man kurz davor das Nachbarhaus nebenan besichtigt hat, wirkt der Kontrast umso heftiger. Da drüben eine Ikone der Moderne, die alles zelebriert, was die Architektur der Zwanzigerjahre heute so optimistisch und vorwärtsgewandt scheinen lässt: strahlend weiß ist die Villa, von dünnen Säulen emporgehoben, als wäre sie federleicht, mit großen Fenstern, die das Meer dahinter fast hereinholen in das luftige Wohnzimmer.

Hier dagegen die Hütte: erdenschwer und dunkelbraun, als sei sie direkt aus dem Boden gewachsen, drei kleine Fenster, die das Bergende, Schützende des Häuschens noch betonen.

Die Hütte allein wäre schon überraschend, an diesem malerischen Küstenstreifen an der Côte d'Azur, östlich von Nizza, wo es schon vor 100 Jahren in Mode war, sich eine mondäne Ferienresidenz zu errichten. Doch zu wissen, dass Le Corbusier sie gebaut hat, macht sie geradezu irritierend. Zunächst jedenfalls. Le Corbusier, der schrieb, ein Haus sei eine Maschine zum Wohnen, und das ganz und gar verheißungsvoll meinte. Der berauscht war von den Möglichkeiten armierten Betons und die Zeit für eine gänzlich neue Formensprache der Architektur gekommen sah. Dessen Entwürfe etwas Utopisches, fast furchterregend Kühnes haben und so gar nichts von blockhüttenhafter Heimeligkeit. Dieser Le Corbusier lässt 1952 bei Roquebrune seine winzige ›Cabanon‹ errichten und verbringt dort fortan fast ebenso viel Zeit wie in Paris. Versteckt sich in ihr etwa Kritik des älter werdenden Architekten an der eigenen Vision? Hat der Vordenker eines neuen Bauens und der folgenreichen Charta von Athen erkannt, dass eine Idee, so mutig und folgerichtig sie scheint, sich doch als am Menschen vorbeigedacht erweisen kann? Oder lässt er für sich andere Maßstäbe gelten als für die übrigen Menschen, die er in Wohnzellen übereinanderstapeln möchte?

Ganz so einfach ist es nicht. Die Hütte, der Anfang allen Bauens, hat Le Corbusier als Idee immer begleitet. Als Teil seines Denkens war sie im Einklang mit seinen städtebaulichen Konzepten. In Roquebrune hat sich eine alte Denkfigur materialisiert – wenn auch in überraschend rustikaler Form.

Le Corbusier hat Marc-Antoine Laugiers Manifest gekannt, und es hätte den selbstbewussten Laugier vermutlich nicht verwundert, dass seine Gedanken gut 150 Jahre später einen jungen Mann beeindrucken würden, der einer der einflussreichsten Architekten seiner Zeit werden sollte. An Selbstbewusstsein mangelte es auch Le Corbusier nicht. Vielleicht hat er sich bei Laugier die bestechende Methode abgeguckt, zu einem imaginierten Anfang zurückzugehen, um die eigene architektonische Vision zur einzig wahren zu erklären. Der Anfang hat immer recht und folglich auch man selbst, wenn man in dessen Sinne handelt. »Haben nicht die meisten Architekten heutzutage vergessen, dass die große Baukunst schon mit dem Ursprung der Menschheit eingesetzt hat und dass sie unmittelbare Äußerung menschlicher Instinkte ist«, schreibt Le Corbusier in *Ausblick auf eine Architektur*, seinem eigenen umstürzlerischen Manifest, das ihn berühmt machte. 1923 auf

Französisch unter dem Titel *Vers une Architecture* veröffentlicht, propagiert es eine neue Architektur, deren Prinzipien er in Industrieprodukten genauso findet wie in der älteren Baugeschichte.

Wie die Architekturtheoretiker der Aufklärung erzählt auch Le Corbusier dort seine Version des frühen Hüttenbaus. Seine Menschen haben offenbar das Rad schon erfunden – mit historischer Präzision hält er sich nicht auf – und sind mit dem Wagen auf der Suche nach einem geeigneten Bauplatz: »Der Primitive hat seinen Karren angehalten, er beschließt, dass dies sein Boden sein soll. Er wählt eine Lichtung, schlägt die zu nahe stehenden Bäume um, ebnet das Gebiet der Umgebung.« Er rammt die Baumstämme in den Boden, so dass sie ein Viereck oder auch ein Sechs- oder Achteck bilden, und zieht eine Plane darüber. Um das Zelt errichtet er einen rechteckigen Zaun. »Die Hüttentür öffnet sich auf die Achsenlinie des Zaunes, und die Zauntür befindet sich gegenüber der Hüttentür.« Spätestens an dieser Stelle, an der dem »Primitiven« ein instinkthafter Umgang mit geometrischen Gesetzen attestiert wird, bekommt die Herleitung etwas Zwanghaftes, wie bei Laugier. Man merkt: Etwas soll bewiesen werden.

Wo vorher das Chaos des Waldes war, ist nun Ordnung, und zwar eine Ordnung, die der Mensch intuitiv geschaffen hat. Er ist dabei, mangels anderer Werkzeuge oder Vorbilder, von sich ausgegangen: von seiner Schritt-, Fuß-, Ellenbogenlänge und dem schlichten Wunsch, ein Grundbedürfnis nach Obdach zu befriedigen. Den Grundriss dieses ersten Hauses findet Le Corbusier in Häusern in Pompeji wieder, im Tempel von Luxor. Das adelt jene frühe Hütte, macht sie wahr und richtig, und schon ist die Beweisführung vollendet: Die in jeder großen Architektur steckenden Prinzipien von Geometrie und Proportion finden sich schon in den frühesten zeltartigen Unterkünften. Denen allerdings nicht archäologische Funde zugrunde liegen, sondern Le Corbusiers Bedürfnis nach einer Argumentationshilfe.

Zeitgenössische Architekten, so hangelt sich die Argumentation weiter, haben keinen Zugang mehr zu diesem unverbildeten Schöpfungsakt. Der, der dieses grundlegende Manko aufgedeckt hat, allerdings schon. Der lobende Satz, jene erste Hütte sei nach des Menschen Maß errichtet, weist schon direkt zum Modulor, Le Corbusiers eigenem Proportionsschema, nach dessen Prinzip er auch die ›Cabanon‹ entwerfen wird.

In Le Corbusiers theoretischen Schriften tauchen immer wieder Verweise auf einfache, ursprüngliche, ohne Architekten entstandene Architektur auf. Er findet sie entweder in der Vergangenheit oder in abgelegenen Gegenden: bretonische Bauernhäuser, Fischerhütten, Berghütten, die »Hütte des Wilden«. Es scheint zunächst paradox, dass er ausgerechnet Gebäude, die von den Folgen der Industrialisierung noch unberührt sind, anführt, um die Formensprache des »maschinellen Zeitalters« zu propagieren. Es ist auch nicht die Bauweise, die er bewahren möchte. Ihm geht es um etwas anderes, um ein dahinterliegendes Prinzip: Diese Häuser entstanden, weil jemand ein Dach über dem Kopf brauchte, so mühelos, ökonomisch, praktisch wie möglich. In den Formen, die diese schlichte Notwendigkeit hervorbringt, liegt die zeitlose Wahrheit, die auch er für sich beanspruchen möchte. In *Une Maison – un Palais*, einer Sammlung von Vorträgen, 1928 erschienen, schreibt er über Fischerhütten in Frankreich, die schon auf dem Buchumschlag abgebildet sind:

> *Sie machen sich eine Unterkunft, eine Schutzhütte, und nicht mehr, und zwar einfach und redlich. Sie verwirklichen ein reines Programm, das gerade nicht überladen ist mit Ansprüchen auf Geschichte, auf Kultur, auf den Geschmack des Tages: Sie bauen eine Unterkunft, eine Hütte, von einem Tag zum nächsten, mit den ärmlichsten Materialien, die sie in der Umgebung gefunden haben. Und sie machen dies mit ihren Händen und ohne große Berufskenntnis* (...) *haushälterisch noch mit der kleinsten Anstrengung, erpicht auf jede Erfindungsgabe, vom Wunsch erfüllt, mit wenig viel zu erreichen.* (...) *Alles dient. Keine Überfülle, keine unnötige Wiederholung, dafür aber eine volle Wirkungskraft.*

Le Corbusier braucht den Blick zurück, um den nach vorn plausibel und unangreifbar zu machen. Umstandslos überführt er die Fischerhütten in die neue Zeit:

»Anstatt des Holzes aus den Kiefernwäldern armierter Zement; anstatt des ländlichen Programms die ›Wohnmaschine‹; anstatt der ursprünglichen Poesie der Fischer (...) die des kultivierten Menschen«.

Interessant, wie er durchweg eine Trennlinie zieht, genauso unverhohlen wie die Urhütten-Sucher der Aufklärung: hier der ›Primitive‹, der ›Wilde‹, da der »kultivierte Mensch«. Das intuitive, aber auch intellektfreie Vorgehen der Hüttenbauer legitimiert zwar die eigene Vision, bedarf jedoch auch der Abgrenzung. Der »kultivierte Mensch« lebt jetzt, bevorzugt in einer von Le Corbusier konzipierten Wohnung, von denen dieser zur Zeit seiner wortgewaltigen Manifeste, in den Zwanzigerjahren, allerdings noch nicht viele realisiert hatte. Er sollte sein Leben lang mehr schreiben als bauen, als Berufsbezeichnung gab er auf seinem französischen Ausweis nicht Architekt an, sondern ›homme de lettres‹, Schriftsteller. Für sich selbst entwirft er nur ein einziges Haus, das aber gerade ist nicht aus »armiertem Zement«, auf dessen Möglichkeiten seine Visionen fußen. Sondern aus Holz.

Dünne Sperrholzplatten an den Wänden, fest installierte Holzmöbel, die Fassade aus rohen Stämmen. Außen gefurcht und abwehrend, innen glatt und schmeichelnd – dieses Haus umhüllt den Menschen wie ein Pfirsichkern den Samen. Es soll auch genauso effizient sein: ein Zweck, eine Lösung. Der Mensch schläft, sitzt, wäscht sich, geht zur Toilette: alle Funktionen sind auf 14 Quadratmetern verdichtet und gleichzeitig säuberlich getrennt. Fast alle: Eine Küche gibt es nicht, dafür eine in die Wand eingelassene Tür zum Restaurant Étoile de Mer nebenan, das heute nicht mehr betrieben wird und von dessen Besitzer Le Corbusier das kleine Grundstück am Hang bekommen hat. Der Gastraum, seit den Fünfzigerjahren unverändert, liegt da, als sei nur gerade mal Ruhetag. Sogar Gläser stehen noch in der Vitrine.

Der unauffällige Übergang zum Restaurant ist gleich links von der Tür zur ›Cabanon‹. Eine Drehung nach rechts und man steht in dem auch bei gleißendem Sonnenlicht leicht schummrigen Raum. Drei kleine Fenster, an zweien sind Spiegel angebracht, die den prächtigen Meerblick nach drinnen lenken. Le Corbusier habe, inspiriert von japanischen Häusern, auf einer Matratze auf dem Boden geschlafen, erzählt Jean-Paul, der die täglichen Führungen zu Eileen Greys Villa und der ›Cabanon‹ leitet. Yvonne, Le Corbusiers Frau, der er die Hütte zum Geschenk gemacht hatte, habe sich beschwert: Er habe ihren Kopf geradezu in die Toilette gesteckt. Die Toilette liegt direkt hinter dem schmalen Bett, durch einen Vorhang davon getrennt.

Vor dem Betreten der Hütte hat Jean-Paul die Gruppe geteilt, nun stehen vier Menschen auf einem kleinen Teppich in der Mitte der Hütte und konzentrieren sich darauf, nicht aus Versehen mit einem Fuß auf die Dielen zu treten. Dann geht nämlich ein Alarm los. Die Führungen, bei denen man zuerst die weiße Villa E1027 besichtigt und dann die Ferienhütte, sind beliebt, vielleicht auch, weil man zu den Bauten eine Geschichte von Liebe, Eitelkeit und Neid geliefert bekommt. Le Corbusier kam erst durch Eileen Grays Haus zu dem hübschen Flecken an der Côte d'Azur: Er kannte ihren Freund, den Architekten und Architekturkritiker Jean Badovici, für den Gray, 15 Jahre älter und aus wohlhabendem irischem Elternhaus, die Villa gebaut hatte. Badovici behielt das Haus, als sie sich 1932 trennten, da stand es seit drei Jahren. Le Corbusier machte dort oft Urlaub, ob er Eileen Gray einmal persönlich begegnet ist, ist nicht sicher. Sicher ist aber, dass er von ihrem Haus beeindruckt war. Ob das auch missgünstige Züge annahm, darüber wird viel spekuliert – zumal bis heute jeder, der das Haus betritt, die eigenwilligen Spuren sieht, die Le Corbusier dort hinterlassen hat: 1938 bemalte er mehrere Wände mit großen, teils nackten Figuren, die im Stil an Léger oder Picasso erinnern.

»Wie ein Hund, der an einen Baum pinkelt«, sagt bei der Führung eine ältere britische Dame. Jean-Paul wiegt den Kopf, er mag die schlichten Interpretationen nicht, in denen ein egomaner Le Corbusier zum Täter, Eileen Gray zum Opfer wird. Er sagt aber, dass man schon davon ausgehen kann, dass die Villa ein Schock für ihn war: Da stand plötzlich dieses Haus, offensichtlich in Kenntnis seiner architekturtheoretischen Schriften geplant, die ihn Ende der Zwanzigerjahre schon bekannt gemacht hatten. Selbst gebaut hatte er da aber noch kaum etwas.

Man wird das Gefühl nicht los, dass die 20 Jahre später, im Jahr 1952 entstandene Hütte auch eine Antwort auf die Villa ist, und zwar gerade durch ihr provokantes Anderssein. Eileen Gray mochte die »hölzerne Bude« nicht.

Le Corbusier aber wusste sehr wohl, was er mit der ›Cabanon‹ beabsichtigte. Mit ihr hat er seinem Selbstbild eine wohlüberlegte Facette hinzugefügt. Passend dazu ändert sich in Roquebrune auch seine Selbstinszenierung. Auf einem Bild des Fotografen Brassaï steht Le Corbusier vor seiner Hütte, er trägt eine Badehose und mit Lederbändchen um die Knöchel geknotete Sandalen, um sich herum hat er vertrocknete Palmzweige drapiert. Nur die schwarze runde Brille, sein Markenzeichen, erinnert noch an den

Mann mit Anzug und Fliege, der kurz zuvor in Marseille zum ersten Mal seine Vision der vertikalen Stadt umsetzen konnte: 18 Stockwerke, 337 Wohnungen, 1600 Menschen. Unter der hellen Sonne der Côte d'Azur legt der aus dem Schweizer Jura stammende Le Corbusier nicht nur seine Kleidung ab, sondern auch sein zur optischen Strenge seiner Bauten passendes Image. Dort im Türrahmen steht eine Art Robinson Crusoe, ein aus der Zivilisation in die Natur geworfener Mann, der den schöpferischen Akt nun von hier aus weiterführt. Andere Bilder Brassaïs zeigen ihn, wieder nur in Badehose, an seinem Arbeitsplatz, einem winzigen Holzverschlag, der heute noch ein paar Meter entfernt von der Hütte steht, mit Schreibtischplatte und einer großen Fensteröffnung zum Meer. Auch für Lucien Hervé, der ab Ende der Vierzigerjahre das Werk Le Corbusiers als dessen offizieller Fotograf dokumentierte und ein Freund wurde, posierte der Architekt. Einen Sommer lang war Hervé Chronist des Hüttenbewohners und seines anspruchslosen Lebens, hielt aber auch die Gestaltung der ›Cabanon‹ für die Nachwelt fest.

Im Inneren ist die ›Cabanon‹ ein wahres Wohnmaschinchen, erste Umsetzung des Modulors, mit dem Le Corbusier festlegte, was er als menschengerechte Maße empfand: 3,66 Meter lang, 3,66 Meter tief und 2,26 Meter hoch. Außen aber erzählt sie noch eine andere Geschichte. Er hätte die Fassade schlicht halten können, wie bei den fünf Campinghütten, die er ein paar Meter weiter oben am Hang für seinen Freund, den Restaurantbesitzer, errichten ließ. Stattdessen ließ er auf Korsika eine Fassade aus halbierten Pinienstämmen vorfertigen und gab seinem Häuschen damit die Anmutung einer amerikanischen Blockhütte. Demonstrative Schlichtheit, dazu die Effizienz einer Wohnzelle: Der Architekt hat sich seine Urhütte gebaut. Das Haus, das herhalten musste, um seine Theorien zu rechtfertigen, bewohnt er jetzt selbst. Falls er damit zeigen wollte, dass er die bescheidenen Maße, die er den Bewohnern seiner Wohnzellen zugestand, auch auf sich selbst anwandte, hat er aber eines nicht bedacht: Seine Beschränkung auf minimalen Raum war selbstgewählt, die Einfachheit Pose, der Ort exklusiv.

Er werde wohl sein Leben hier beenden, so glücklich mache ihn der Ort, hat Le Corbusier mal gesagt. In der Nacht vom 26. auf den 27. August 1965 schläft er noch einmal in seiner Hütte. Am darauffolgenden Tag stirbt er beim Schwimmen im Meer an einem Herzinfarkt.

07

07 Der Architekt und seine Hütte: Le Corbusier in seiner ›Cabanon‹ nahe Nizza, 1952.

08 Zum Hüttenleben gehörte auch eine zwanglose Selbstinszenierung, hier für den Fotografen Brassaï.

09 Leben auf 14 Quadratmetern: Le Corbusiers erste Skizze des Hütten-Inneren.

10 Von der Urhütte zur Wohnzelle: Die Hütte war als Denkfigur in Le Corbusiers Theorie immer präsent. Skizze aus *Une Maison, un Palais*, 1928.

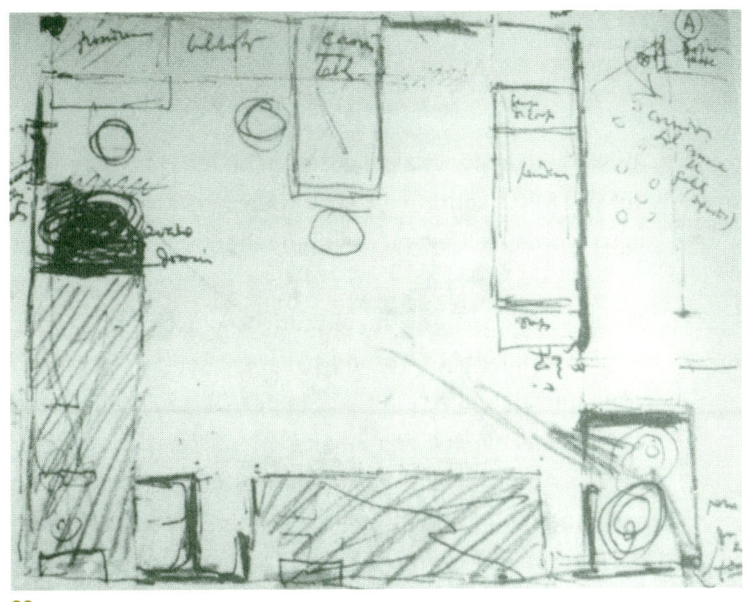

09

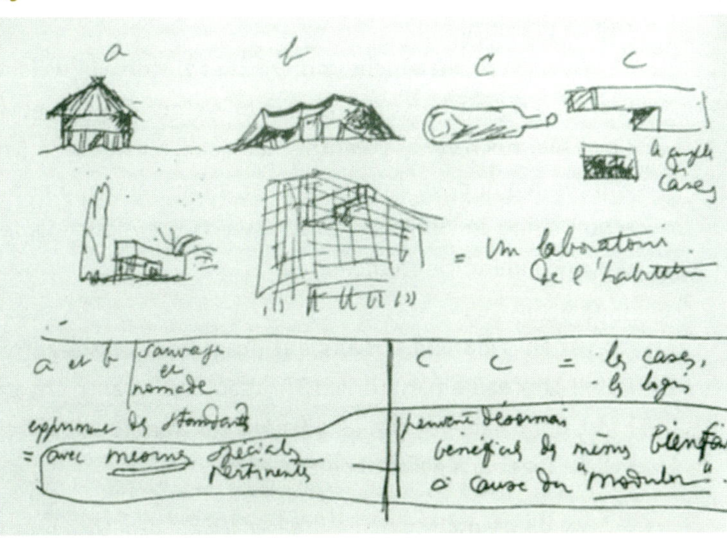
a
b
c
c
= un laboratoire de l'habitation
a et b
sauvage et nomade
c c = les cases, les logis
à cause du "Modulor".

10

ALTER TRAUM, NEUER TRAUM

Als wir zum ersten Mal zu unserem neuen Häuschen fuhren, lag der Schlüssel auf der Mittelkonsole im Auto wie etwas Kostbares. Nach 45 Minuten Autofahrt wurde die Gegend draußen schön.

Wie Magnetnadeln, für die die Anziehung zu gering geworden war, hörte sie auf, sich zur Stadt hin auszurichten. Nach zu ganzen Siedlungen geklonten Einfamilienhäusern und hallengroßen Supermarktfilialen kamen Felder, Wald und ab und zu ein Haus. In den Gärten lagen Dinge herum, so als hätte jemand mal einfach den Inhalt seines Schuppens auf dem Grundstück ausgebreitet. Autowracks, Plastikplanen, Arbeitsgerät. Diese Achtlosigkeit mag ich an Brandenburg, sie erinnert an Amerika auf dem Land, wo um die Häuser auch großzügig Gerümpel verteilt ist, weil es auf Platz nicht ankommt und man schließlich nicht hier ist, um seinem Nachbarn einen makellosen Vorgarten zu präsentieren.

Auch wenn man nicht immer näher wissen will, welche Leben wohl solche Gleichgültigkeit hervorbringen, gibt sie der Gegend etwas Pionierhaftes, als ob es hier noch etwas zu entdecken gäbe. Nicht wie in Bayern, wo ich großgeworden bin und wo ein See wie der, an dessen Rand nun unser Bungalow lag, schon längst im Sinne des Freizeitwerts optimiert worden wäre, mit Biergarten und einem Trimm-dich-Pfad.

Als wir am Feldrand entlang auf unser neues Haus zurollten, fiel mir Henry David Thoreau ein, natürlich Thoreau, weil man nicht in eine Hütte ziehen kann, ohne dass der Pionier aller Hüttenträume mit dabei wäre. 1841 hatte er in sein Tagebuch geschrieben:

> *Vor allen einsamen Häusern, denen ich auf dem Land begegne, sage ich mir, dass ich dort mein Leben in Zufriedenheit verbringen könnte, denn ich sehe nur ihre Vorteile, ohne ihre Unannehmlichkeiten. Ich habe noch nicht meine langweiligen Gedanken und meine prosaischen Gewohnheiten hineingebracht, und darum habe ich die Landschaft noch nicht verdorben.*

Thoreau kann ein hellsichtiger Spielverderber sein, aber davon abgesehen war das genau mein Gefühl: Dahinten wartete eine andere Version meines Lebens. Eine, die nur hier entstehen konnte und nicht in der Stadt. Ihre Basis würde das Häuschen sein, ihre Landkarte der See, die Wälder drumherum, die Natur, die einfach da war und ihrem eigenen Rhythmus folgte. Durch die Stadt zog ich, wie jeder, jeden Tag meine Wege der Gewohnheiten und Verpflichtungen: die Haustür raus und links geht es zum Fahrradweg, der mich zur Arbeit bringt, rechts geht es zur Schule und zum Lieblingsitaliener, rechts und nochmal rechts zum Bioladen. Ein Stadtplan des Alltags, den ich durchaus mag, wie grundsätzlich auch die Stadt und wie sich in ihr die ganze Energie spiegelt, die Menschen so umtreibt.

Ich spürte aber, das musste am Älterwerden liegen, immer mehr, was dabei außer Acht geriet. Das, was nicht der Mensch gemacht hatte, was nicht für uns, unsere Bedürfnisse und unseren Ehrgeiz da war. Was Teil einer Ordnung war, die auch den Menschen erst hervorgebracht hatte, auch wenn er das gern vergaß. Ich wollte mehr Natur. Die Hütte sollte mein Ausgangspunkt sein, ich sah lange Spaziergänge mit dem Hund vor mir, auf denen ich die neuen Wege erkunden würde. Ich hatte gar keinen Hund, aber das ließ sich ja ändern.

Als wir die Tür aufschlossen, fühlte es sich allerdings gar nicht so sehr nach Neuanfang an. Eher nach viel Vergangenheit. Der Grundriss des B 34 sah auf exakt 34 Quadratmetern mehrere puppenstubenkleine Zimmer vor. Schlafzimmer, Küche, Stube, Bad, eine vollständige, sehr klein geratene Wohnung. Die Möbel hatten uns die Trettins überlassen, wir besaßen jetzt also nicht nur einen DDR-Bungalow, sondern auch eine Sitzgarnitur des VEB Holzkombinats Gera und ein Radio, auf dem die Sendefrequenz von Radio Moskau verzeichnet war, des Auslandsrundfunkdienstes der Sowjetunion.

Wir untersuchten das Haus, zögernd, weil es sich anfühlte, als wären wir zu Besuch. Wir lösten eine Deckenkassette und darunter war Schimmel, wir zupften an dem Teppich und ein großer feuchter Fleck kam zum Vorschein. Als mein Mann einen Schraubenzieher gegen die Außenwand drückte und er auf der anderen Seite so leicht herauskam, als ob dazwischen Pappe wäre, schien eine Idee plötzlich gar nicht mehr so verwegen. Was, wenn wir den altersschwachen B 34 abrissen? Und unsere eigene Hütte bauten?

Die Idee war aufregend. Bis jetzt hatte ich nur in Wohnungen gewohnt, nie in einem Haus, und die waren immer schon da gewesen, als ich einzog. Zu wissen, dass unsere Berliner Wohnung in den letzten hundert Jahren schon viele Leben beherbergt hatte, hatte mir immer gefallen.

Doch der Gedanke, selbst einen Raum zu schaffen, gefiel mir auch. Die Hütte, in die ich den Bungalow der Trettins in Gedanken gleich beim ersten Besuch verwandelt hatte, gab es noch gar nicht. Wir würden sie erst erfinden.

Von ihrem Vorgänger würde sie Fundament und Maße bekommen. Ein fünf mal sieben Meter großes Haus, so teuer konnte das nicht sein, dachten wir. – Konnte es doch, aber das gehörte zu den Dingen, die wir erst lernen sollten. – Wir fragten eine Freundin, die Architektin ist, ob sie Lust hätte, für uns eine Hütte zu entwerfen. In den nächsten Monaten verbrachten wir viele Abende mit ihr an unserem Küchentisch. Wir zerlegten unser Leben und setzten es auf 35 Quadratmetern wieder zusammen. Auf dem Entwurf, der schließlich vor uns lag, hatten wir, so schien es mir, genauso viel Platz wie in unserer Wohnung in Berlin, nur auf weniger Fläche: vier Menschen würden hier schlafen können, die Kinder würden ihre Betten mit einer Leiter erklettern, es würde einen Tisch zum Gemeinsam-daran-Sitzen geben und gemütliche Ecken, um für sich zu sein, ein Bad und eine Nische mit Spüle und Herd.

Auf so kleinem Raum rückt auch das Draußen näher heran. Öffnet man die Tür, steht es praktisch schon im Zimmer. Die Wand, schreibt der Philosoph Georg Simmel, »ist stumm, aber die Tür spricht« – diesen Satz verstand ich jetzt. Die Tür ist die Verbindung ins Freie, sie wirkt geschlossen noch geschlossener als die Wand, weil sie im Gegensatz zu dieser auch auf sein kann. Unsere Tür sollte viel offenstehen, wir planten sie in der Mitte und rechts und links große Fenster, die die Bäume heranholten. Ein Wechselspiel von Drinnen und Draußen, von Geborgenheit und Offenheit. Ich wollte dieses Haus schon deswegen, weil es so schön klang, darüber zu reden.

Eines Abends sah uns auf dem Computerbildschirm dann unsere Hütte entgegen. Mit dem 3D-Architekturprogramm sah sie aus, als ob es sie schon gäbe.

Wir reichten in der Kreisstadt einen Bauantrag ein. Ein paar Monate später kam ein Bagger und setzte seine Zähne in die Wand des Bungalows. Es wirkte fast behutsam, als ob er wüsste, dass mit wenig Widerstand zu rechnen war. Die Wand gab sofort nach. Nach ein paar Minuten war der B34 nur noch ein Haufen Schutt. Wir hatten den Traum der Trettins entsorgt, um unseren eigenen an seine Stelle zu setzen.

OBDACH

11

31 Days. MAY, 1915. MAY 26 & 27. 147

27 THURSDAY [147—218]

"THE SNUGGERY"

22 MAY 1916

MONDAY

Temp. noon +8

Dead Calm & brilliant sunshine filling me with Aesthetic sentiments [illegible] Oh if I only had my cameras. The cold snap of last night has covered the sea with lotus like pancake ice, the larger spaces between the floes being tiled with larger mosaic like patterns. The glacier has been glowing all day with a greenish opal-escence. All hands brought yesterdays catch into camp during the afternoon. Had delicious pudding made of remaining Two pounds tapioca + [illegible] + 4 Sledging rations + the [illegible] from three boxes Nutfood. It

12

11 Zwei umgedrehte Boote können 22 Männer beherbergen, wenn es sein muss: So überlebten die Mitglieder der gescheiterten Shackleton-Expedition, bis nach vier Monaten Rettung kam.

12 Expeditionsmitglied Frank Hurley zeichnete »The Snuggery« in sein Tagebuch.

13 Erste Hilfe für die, die nichts mehr hatten: Nissenhütte in Castrop-Rauxel, 1947.

14 »Better Shelter«, eine von der UNHCR verwendete Hütte für Flüchtlingscamps, ist in die Sammlung des MoMA aufgenommen worden.

13

14

»EIN SCHRECKLICHES DASEIN UND DOCH SIND WIR ALLE RECHT GLÜCKLICH«: SHACKLETONS ANTARKTISEXPEDITION ENDET UNTER ZWEI UMGEDREHTEN RUDERBOOTEN

Der 22. Juli 1916 ist ein ruhiger Tag auf Elephant Island. Das Thermometer zeigt erträgliche minus acht Grad, nach dem Schneesturm des vergangenen Tages ist es fast windstill. Ein Stück von der gebirgigen Küste entfernt schaukelt Packeis auf den Wellen. Am Nachmittag haben die Männer drei Pinguine erlegt und aus einem sumpfigen Loch über hundert Liter Süßwasser geschöpft und zu ihrem Unterschlupf geschleppt. Nun liegen die meisten in ihren Schlafsäcken, lesen oder unterhalten sich. Wie immer kreisen die Gespräche vor allem ums Essen. Wenn sie sich jetzt ein Gericht aussuchen könnten – was wäre es? Ein Devonshire-Knödel mit Sahne? Ein Weihnachtspudding? Porridge mit ganz viel Zucker? Egal, Hauptsache süß. Und Hauptsache, kein Fleisch. Auf Elephant Island gibt es Fleisch morgens, mittags und abends. Meistens Pinguin. Manchmal Seehund.

Als Alfred Cheetham – er war Dritter Offizier, als Titel noch eine Bedeutung hatten – durch den Zelteingang kriecht und eine Ladung Schnee mit ihm nach drinnen weht, ist leiser Protest zu hören. Es ist schwer genug, es hier drinnen einigermaßen trocken zu halten. Wenigstens kommt seit ein paar Tagen ein bisschen Licht herein. Sie haben ein Loch in eine der Zeltplanen geschnitten und das Glas eines Chronometers eingenäht. Während des Schneesturms am Tag zuvor haben sich auf dem kleinen Fenster Eiskristalle gebildet.

Wie Palmwedel sehen die Kristalle aus, denkt Frank Hurley und streckt die Füße noch ein Stück weiter in Richtung des wärmenden Tran-Ofens. Es kommt ihm vor, als ob sogar das Fenster die unfreundliche Wirklichkeit draußen halten will: die Gebirge, die direkt hinter dem schmalen Kiesstrand vierhundert Meter nach oben ragen. Die Gletscher, von denen an manchen Tagen donnernd riesige Blöcke abbrechen. Die Tatsache, dass sie auf dieser windumtosten, nur von Pinguinen und anderen Vögeln bewohnten Insel im Südpolarmeer festsitzen und die einzigen Menschen, die wissen, wo sie sind, vor über drei Monaten in einem Segelboot aufgebrochen sind, um eine Walfangstation zu erreichen und Hilfe zu holen. Hilfe, die, hätten die sechs Männer die 1200 Kilometer lange Fahrt überlebt, eigentlich längst hätte da sein müssen.

Frank Hurley sieht sich um. Dank des neuen Fensters sieht man jetzt auch die dunkle Rußschicht, die der mit Pinguinfett am Laufen gehaltene Ofen verbreitet und die alles bedeckt, den Boden, die Wände, die Schlafsäcke. Kleine Stücke Pinguin- und Seehundfleisches, die während der Mahlzeiten im Halbdunkel immer wieder mal zu Boden gefallen sind, haben zu faulen begonnen und fügen der ohnehin stickigen Luft eine strenge Nuance hinzu. Von der Decke baumeln dicke Jacken, es ist der platzsparendste Weg, sie zu verstauen.

Direkt neben Hurley liegt Frank Wild in seinem Schlafsack, er war der Stellvertretende Leiter der Expedition, die in England zwei Jahre zuvor feierlich zur ersten Antarktisdurchquerung verabschiedet worden war und damit endete, dass nun 22 Männer auf einer fast ganz von Gletschern bedeckten Insel zwischen Antarktis und Feuerland auf Rettung warten. Im Schlafsack daneben liegt James McIlroy, der Schiffsarzt, und Reginald James, Physiker. Ganz hinten, die an eine Mumie erinnernde Gestalt, das ist Thomas Orde-Lees, Ingenieur. Um seinen Arm ist ein Seil geknotet, um ihn mit einem kräftigen Zug zu wecken, wenn er mal wieder zu laut schnarcht. Frank Hurley, der die Expedition als Fotograf begleitet hat, schlägt sein Tagebuch auf. Vor Kurzem wäre die Vorstellung, unter solchen Umständen leben zu müssen, abscheulich gewesen, schreibt er. »Und jetzt empfinden wir diese groteske Hütte, in der wir nun leben, als komfortabel!«

Die Hütte, das sind eineinhalb Meter hohe Wände aus aufeinandergeschichteten Steinen und zwei mit dem Kiel nach oben daraufgelegte Holzboote. Zwischen die Steine gestopfte Stofffetzen schließen Lücken, über alles sind die Planen auseinandergeschnittener Zelte gelegt, von Steinen und Holzstücken beschwert. Die Steinmauern stehen drei Meter voneinander entfernt, die Boote sind sieben Meter lang, macht gut 20 Quadratmeter Fläche.

Sie ist ein unförmiges Ding, die improvisierte Unterkunft, und doch wahrscheinlich der Grund, warum nach viereinhalb Monaten, als tatsächlich

Hilfe kommt, alle Männer noch am Leben sind. In der unwirtlichen Welt, in der die Expeditionsmitglieder gestrandet sind, ist sie mehr als Schutz vor Wind und Kälte. Sie ist die Basis, von der aus die Männer ihr Leben organisieren, sie gibt einem Dasein Halt und Struktur, das nur noch einen Inhalt hat: zu warten.

Als sie vor gut drei Monaten in drei Holzbooten auf Elephant Island ankamen, waren sie sechs Männer mehr gewesen. Nach ein paar Tagen brach Ernest Shackleton, Leiter der gescheiterten Antarktisexpedition, mit einem kleinen Teil der Mannschaft wieder auf, mit Kurs auf die Insel Südgeorgien. Frank Hurley hat den Moment des Abschieds fotografiert, auf dem Bild sieht man, wie die auf Elephant Island zurückbleibenden Männer dem kleinen Holzboot tapfer nachwinken. Vermutlich hätte jeder von ihnen gern mit den Davonfahrenden getauscht. Seit sechs Monate zuvor die Endurance, ihr stolzes Schiff, vom Packeis zerdrückt worden war, waren sie unterwegs. Zuerst hatten sie sich auf einer riesigen Eisscholle durch das Wedellmeer treiben lassen, am Ende hielten sie tagelang in den drei Booten aus, bis sie es schafften, auf Elephant Island an Land zu gehen. Sie waren zwischendurch müder, nasser, unterkühlter und hungriger gewesen, als sie sich je hätten vorstellen können, aber wenigstens waren sie in Bewegung, mit dem Ziel, wieder in der Zivilisation anzukommen, die sie zwei Jahre zuvor verlassen hatten. Nun saßen sie auf diesem menschenfeindlichen Flecken Erde fest und es ging nur noch darum, zu überleben und den Glauben daran nicht zu verlieren, dass sie irgendwann von hier wieder wegkommen würden.

Frank Wild, dem Shackleton die Befehlsgewalt übertragen hatte, spürte, dass die erschöpften Männer zuallererst einen Rückzugsort brauchten, einen Unterschlupf. Zuerst bauten sie ein Iglu, doch ihre Körperwärme brachte den Schnee zum Schmelzen. Dann hatte jemand die Idee, aus dem einzigen Material, das sie hatten – Steine, Zelte und zwei Boote –, eine Hütte zu improvisieren.

In der ›Snuggery‹, der ›gemütlichen Bude‹, wie die Männer die Hütte liebevoll nennen, verbringen sie die meisten Stunden des Tages. Im April, als sie auf der Insel ankommen, wird es allmählich Winter in der Antarktis, meistens stürmt es, manchmal fliegen Eisplatten groß wie Fensterscheiben durch die Luft. Im Mai wird es um 9 Uhr hell und um 15 Uhr wieder dunkel.

Frank Wild sorgt dennoch für einen straffen Tagesablauf, verteilt Aufgaben, niemand soll zu lange grübelnd im Schlafsack liegen.

Um sieben Uhr beginnt Green, der Koch, Seehundsteaks fürs Frühstück zu braten, um 9.30 Uhr treibt Wild die Männer jeden Tag mit dem gleichen Ruf aus den Schlafsäcken. »Aufrollen und Stauen! Vielleicht kommt der Boss heute.« Nach dem Frühstück bekommt jeder eine Aufgabe: Seehunde oder Pinguine erlegen – so gut wie jeder Pinguin, der sich an Land wagt, muss dran glauben, an manchen Tagen 60 bis 90 Exemplare –, die toten Tiere häuten, Reparaturarbeiten an der Hütte erledigen, putzen. Um 12.30 Uhr gibt es Mittagessen und um 16.30 Uhr Abendessen. Danach sitzen sie auf Kisten rund um den Ofen, bei rotierender Sitzordnung, damit jeder mal nah an der Wärmequelle ist. Um 19 Uhr kriechen alle in die Schlafsäcke. Jeden Samstag wird gesungen, englische Lieder, die an zu Hause erinnern, aber auch selbst Geschriebenes.

James, der Physiker, hat eine fünfstrophige Ode an die Hütte verfasst, darin heißt es:

Mein Name ist Frank Wild, meine Hütte steht auf der Elephanteninsel
Die Wände ohne einen einzigen Ziegel und das Dach ohne Schindel
Aber nichtsdestotrotz muss ich zugeben, für viele, viele Meilen
Ist sie die herrschaftlichste Behausung, die sich findet auf der Elephanteninsel

22 Männer, die in einem vom Wind umtosten Verschlag ansingen gegen die Dunkelheit rundherum, gegen die Monotonie der Tage und die Angst, dass das Warten am Ende vergeblich ist – und die doch immer wieder fast überrascht feststellen, dass ihr Leben auch zufriedene Momente hat. Alexander Macklin, der zweite Schiffsarzt, schreibt in sein Tagebuch: »Es fällt schwer, sich über die eigene Lage hier klarzuwerden, in einer verqualmten, dreckigen und zugigen kleinen Hütte zu hausen (...), ein schreckliches Dasein, und doch sind wir alle recht glücklich (...).«

Vielleicht kommt das Glücksgefühl aus der Erfahrung, es zu schaffen: Sie überleben, sie bringen Tag um Tag hinter sich, an einem Ort, den vor ihnen vermutlich noch nie ein Mensch betreten hat. Sie haben ihm sogar so etwas wie ein Zuhause abgetrotzt, hinter dessen Wänden sich das Menschsein gegen die hier so feindliche Natur behauptet. Hier essen, schlafen, singen, reden, träumen sie. Alle Funktionen des Wohnens sind in der winzigen Hütte auf kleinstem Raum vereint.

Sie ist die Urform des Hauses, das in der Welt, aus der die Männer kommen, noch anderen Zwecken dient: Da zeigt ein Haus auch, wie weit sein Besitzer es gebracht hat. Die Hütte auf Elephant Island aber erzählt nur von blanker Notwendigkeit. Ein Obdach, das seinen Zweck erfüllt, mehr nicht. Es ist die Funktion, die die Hütte, das kleine, anspruchslose Haus, immer noch oft hat. Eine Architektur der einfachen Möglichkeiten, ein vorübergehendes Zuhause, geschaffen aus dem, was Umgebung, Situation und Material erlauben. Es gibt Notsituationen, in denen solche Hütten, vervielfältigt, dem Leben Tausender Menschen wieder etwas Stabilität geben. Dafür reicht manchmal schon das Gefühl, hinter sich und seiner Familie eine Tür schließen zu können. Nach dem Zweiten Weltkrieg standen in vielen deutschen Städten Gebilde, die aussahen wie kurze durchgeschnittene Riesenrohre. Die Nissenhütten aus Wellblech, nach ihrem Erfinder benannt, waren eine erste Unterkunft für Flüchtlinge und Menschen, deren Wohnungen Bomben zerstört hatten. Einige stehen bis heute.

Das Museum of Modern Art in New York hat 2016 das Hüttenmodell ›Better Shelter‹ in seine Sammlung aufgenommen. Es reist in zwei flachen Kisten, ist in vier Stunden aufgebaut, hat ein Solarmodul auf dem Dach, eine Tür mit Schloss und 17 Quadratmeter Fläche. Die UNHCR hat 30 000 ›Better Shelter‹-Hütten bestellt, seit sie 2015 in Produktion gingen, sie stehen in Flüchtlingscamps im Irak, in Griechenland, in Nigeria oder Dschibuti.

Oft ist die ein dringend benötigtes Obdach bietende Hütte aber auch ein kleiner Triumph über eine Natur, die an dieser Stelle keine menschengemachten Bauten vorgesehen zu haben scheint. Wie die Biwakschachtel, die ein Hubschrauber in 4000 Meter Höhe absetzt, als Notunterkunft für Bergsteiger. Die Blockhütten der nach Westen drängenden amerikanischen Pioniere. Oder zwei umgedrehte Boote auf Elephant Island.

Am Mittag des 30. August 1916 sitzen die Männer rund um den Ofen und warten auf ihre Portion Seehundeintopf, als George Marston, der draußen ein paar Skizzen von der Landschaft gemacht hat, in die Hütte gerannt kommt und etwas von einem Schiff stammelt. Alle rennen raus: Ein stämmiges Schiff hält auf die Bucht zu. In dem Beiboot, das es zu Wasser lässt, ist die große Gestalt Ernest Shackletons zu erkennen. Sie sind gerettet. Innerhalb einer Stunde verlassen die Männer Elephant Island. Shackleton hat es eilig, er erfüllt nicht einmal die Bitte seiner Männer, sich die Hütte anzusehen. Er hat Angst, dass das Packeis den Rückweg nach Punta Arenas in Chile versperren könnte. In den vergangenen drei Monaten hat er dreimal versucht, sich der Insel zu nähern, jedes Mal zwang ihn das Eis, umzudrehen. Den ersten Versuch machte er Ende Mai, wenige Tage nachdem er und seine fünf Begleiter die Walfangstation auf der Insel Südgeorgien erreicht hatten. Nun, mit der kräftigen Yelcho, die Chile samt Mannschaft zur Verfügung gestellt hatte, hat es geklappt.

Die Männer stehen an Deck und sehen zu, wie der Abstand zwischen ihnen und Elephant Island immer größer wird. »Ich bin kein Mann großer Emotionen«, wird Frank Hurley am nächsten Tag in sein Tagebuch schreiben, »aber als die noblen Gipfel im Dunst verschwanden, konnte ich Gefühle von Traurigkeit nicht unterdrücken.« Er denkt an die Hütte, einsames Zeugnis ihrer Anwesenheit, und stellt sich vor, wie Pinguine um sie herumstehen und sich fragen werden, wofür dieses seltsame Gebilde gut sei. »Good old Elephant Island«, schreibt er.

Vermutlich hätte auch Frank Hurley keinen Tag länger auf der Insel bleiben wollen. Aber er spürte die Kraft der Geschichte, die er und die anderen Mannschaftsmitglieder dort auf dem schmalen Strand der vergletscherten Insel geschrieben hatten. Sie hatten nicht nur überlebt, sie hatten es mit Würde getan. Sie waren vielleicht schiffbrüchig und fern der Zivilisation gewesen, aber sie waren immer noch Briten, ihr Obdach eine winzige Außenstelle des Vereinigten Königreiches. Auf dem Dach der Hütte hatte die Fahne eines heimischen Yachtklubs geweht, sie hatten alte englische Lieder gesungen, und immer samstags, wenn es für jeden einen Teelöffel Brennspiritus verdünnt mit viel gezuckertem heißem Wasser gab, war ein Toast auf die Queen ausgesprochen worden.

ALEXIS DE TOCQUEVILLE SUCHT DIE WILDNIS UND FINDET EIN ZUHAUSE DA, WO ER ES AM WENIGSTEN ERWARTET

»Diese Heimstatt ist etwas wie eine kleine Welt für sich. Es ist die in einem Ozean von Blättern verlorene Arche der Zivilisation«, schrieb Alexis de Tocqueville. Es wäre eine treffende Beschreibung der Hütte auf Elephant Island, aber die hat er nicht gemeint. Er meinte einsame Behausungen in einer anderen ozeanhaften Weite, nämlich die der nordamerikanischen Wälder. 1831 ist Tocqueville aus Frankreich nach Amerika gereist, ein abenteuerlustiger junger Mann aus dem Hochadel, dessen Karriere zu Hause nicht recht vorankam und der für eine Weile wegwollte. Er besorgte sich ein Projekt, der offizielle Auftrag war, das Gefängnissystem in den USA zu untersuchen und festzustellen, ob davon etwas auf französische Gefängnisse anzuwenden wäre. De Tocqueville erfüllte die Aufgabe gewissenhaft, berühmt gemacht hat ihn aber ein anderes Produkt der Reise: Das zweibändige Werk *Über die Demokratie in Amerika*, eine immer noch verblüffend aktuelle Betrachtung des politischen Systems der USA, das, Tocqueville ahnte es, auch bald in Frankreich Fuß fassen würde.

Sein drittes Projekt ist nicht so bekannt, dabei war es das, das ihn fast am meisten reizte: Die Besiedlung des jungen Landes war in vollem Gang, wie eine unaufhaltsame Welle verschob sich die Grenze, bis zu der die Amerikaner das Land vereinnahmt hatten, Stück für Stück nach Westen. Tocqueville wollte hinter diese Grenze. Dahin, wo es nur »die Wilden und die Wildnis« gab, wie er schrieb. Es war nicht einfach, schon weil niemand verstand, warum er dorthin wollte. Wildnis war dafür da, beseitigt zu werden. Man setzte sich ihr nicht aus reiner Neugier aus. Unberührte, höchstens von Indianern bewohnte Natur zu finden, war also schwer, Tocqueville fand dafür etwas anderes – eine von jenen »Archen der Zivilisation« durchsetzte Wildnis, schmale Waldwege, die zu einer gerodeten Lichtung führen, darauf: die Hütte einer Siedlerfamilie.

Die Hütten, die Tocqueville auf seiner Reise betritt, ähneln einander, außen wie innen. Wände aus fast unbehauenen, aufeinandergelegten Stämmen, darin ein schmales Fenster. Im Inneren, auf dem Boden aus festgetretener Erde, eine Feuerstelle, ein Tisch mit einem dicken, unbearbeiteten Baumstamm als Fuß, ein paar Sitzgelegenheiten. Die Behausung eines einfachen, eher mittellosen Menschen, glaubt Tocqueville zunächst, »eine Zuflucht allen Elends«. Der Reiz an seinen Beobachtungen liegt darin, wie er seine Erwartungen offenlegt und korrigiert. Sein Blick wandert durch den vom Feuer erhellten Raum, er sieht ein Buchregal, darauf Milton, Shakespeare, die Bibel. Auf dem Tisch eine Kanne aus englischem Porzellan, daneben Zeitungen. Der Vorhang, der das Fenster verhängt, ist aus Musselin. Die Zeichen von Bildung und Kultiviertheit entdeckt Tocqueville ebenso an den Hüttenbewohnern.

Der Mann – »kantige Muskeln, hagere Glieder« – »trägt dieselbe Kleidung wie man selbst«, stellt er erstaunt fest, »er spricht die Sprache der Städte«. Er kennt die politische Lage in Europa, beherrscht die Umgangsformen, ist höflich. Tocqueville, der in seinem Bericht alle Siedler, die er getroffen hat, zu einer Figur hat verschmelzen lassen, registriert allerdings eine gewisse Gleichgültigkeit. Er meint zu spüren, dass die Gastfreundschaft einem Pflichtgefühl geschuldet ist und nicht ehrlichem Interesse an dem Besuch. In dem harten, bis auf die Familie bindungslosen Leben, das der Siedler führt, ist für solche Regungen kein Platz. Alles ist auf das Überleben gerichtet, auf die Anstrengung, Krankheiten, Hunger, Kälte und Konfrontationen mit Indianern zu überstehen, und auf die vage Aussicht, dass sich die Mühe irgendwann lohnt, die Blockhütte ersetzt wird durch ein großes Haus, umgeben von ertragreichen Feldern.

Es gibt auch eine Frau in der Hütte, der man die Herkunft aus besseren Verhältnissen ebenfalls anmerkt. Sie wird von Tocqueville fast mitleidig betrachtet, als eine Art Geisel ihres entschlossenen Mannes, der sie aus der Geborgenheit der Familie und des Heimatortes in den Wald entführt hat, und in Verhältnisse, »für die sie nicht geschaffen war«. Früh gealtert, dünn und erschöpft steht sie zwischen ihren vor Gesundheit strotzenden Kindern. Doch auch sie scheint trotz Sorge und Traurigkeit, die sich in ihre Züge gegraben haben, mit ihrem Leben nicht zu hadern, im Gegenteil: Tocqueville entdeckt auch einen »tiefen Frieden« in ihrem Gesicht.

Es ist ein erstaunliches Psychogramm, das der Besucher aus Europa da erstellt. In den amerikanischen Blockhütten hat er einen neuen Menschentyp entdeckt. Es gibt ihn nur in diesem historischen Moment, in dem Mensch und Natur aufeinandertreffen und noch nicht absehbar ist, mit welcher Radikalität der Mensch diese Begegnung für sich entscheiden wird. Der Pionier ist das Produkt dieser Übergangsphase, wie seine Hütte.

Vielleicht war Tocqueville deswegen so empfänglich für alle Eindrücke, weil er selbst auf der Suche war. Ein 25-Jähriger aus dem französischen Hochadel, dessen Großeltern, Tante und Onkel als ›Volksfeinde‹ in der Französischen Revolution geköpft worden und dessen Eltern dem Tod nur knapp entgangen waren. Konservativ und im Sinne seiner royalistischen Eltern erzogen, wusste er, dass die Welt, aus der er kam, dabei war, zu verschwinden, und sog mit großer Offenheit auf, was die Zukunft bereithalten könnte.

In seinen präzisen Beobachtungen, die er in einem längeren Essay mit dem Titel *Fünfzehn Tage in der Wildnis* festgehalten hat, entsteht die Hütte des amerikanischen Pioniers als Außenposten der Zivilisation, der Natur abgerungen wie die Hütte auf Elephant Island – nur dass diese Hüttenbewohner sich selbst für ihre Bleibe entschieden haben. Geboren in einem der schnell wachsenden Orte in den östlichen Staaten – neue Einwanderer aus Europa trauen sich nicht in die Wildnis, stellt Tocqueville fest, dort trifft man nur vermeintlich echte Amerikaner – sind sie dem großen Versprechen gefolgt, das das junge Land bereithält: das auf ein selbstbestimmtes Leben auf eigenem Grund und Boden, in selbst geschaffenem Wohlstand.

DIE EUROPÄER EROBERN EINEN KONTINENT, UND DIE HÜTTE MACHT ES MÖGLICH

Als de Tocqueville Amerika besuchte, war die Hütte der Siedler schon dabei, in das amerikanische Gründungsnarrativ einzugehen, wo sie heute noch einen festen Platz hat.

Die Hütte – genauer das Blockhaus, die ›log cabin‹ aus an den Enden verschränkten Stämmen – wurde der Ort, an dem Amerika entstand. Der erste Pinselstrich auf der weißen Leinwand, die nur darauf zu warten schien, bemalt zu werden. Dass Nordamerika bereits bewohnt war, kümmerte die europäischen Einwanderer und ihre Nachkommen nicht. Die Indianer hatten mit den Möglichkeiten des Landes ja offensichtlich nichts anzufangen gewusst. Der wahre Eigentümer ist, wer sich dessen Reichtümer zunutze macht, bekam Tocqueville – auch in Bezug auf die amerikanischen Ureinwohner ungewöhnlich kritisch, allerdings auch romantisch voreingenommen durch Bücher wie James Fenimore Coopers *Lederstrumpf* – auf Nachfrage zu hören.

Zudem begnügten sie sich mit schlichten Behausungen aus Tierhäuten, Erde oder Gras, die für die auf Wohlstand und Besitztum bedachten Europäer zum Bild des unzivilisierten ›Wilden‹ passten. Manche frühen Einwanderer schauten sich allerdings die Bautechniken der Indianer dankbar ab. Denn die Engländer, die Anfang des 17. Jahrhunderts mit den ersten Schiffen ankamen, brauchten erstmal ein Obdach. Sie hatten Äxte und anderes Werkzeug dabei, aber kein Material, und schon gar nicht so kostbare und fragile Bauteile wie Fensterglas. Die Technik, Stämme aufeinanderzustapeln und an den Enden zu verschränken, hatten sie nicht mitgebracht, die kannte man schlicht nicht in England. Sie kam erst hundert Jahre später mit skandinavischen und deutschen Einwanderern an.

Wigwams waren eine erste Lösung, Indianer bauten sie aus Stangen, die in die Erde gesteckt wurden, darüber wurden aus Binsen gewebte Matten, Rinde oder Tierhäute gelegt. In Maryland stellte 1634 ein Stamm seine Wigwams den Neuankömmlingen zur Verfügung, einer wurde zur katholischen Kirche umfunktioniert. Manchmal hausten die Menschen sogar in Höhlen, wie Edward Johnson bestürzt feststellte – selbst Einwanderer und nüchtern-frommer Chronist des Pilgerlebens. Später kann er zufrieden feststellen: »Dem Herrn hat es gefallen, alle Wigwams und Hütten, in denen die Engländer nach ihrer Ankunft gehaust haben, in ordentliche, schöne und gut gebaute Häuser zu verwandeln.«

So stellte man sich das vor: Das neue Land sollte eine Art Fortsetzung der europäischen Heimat werden, der unkomfortable Zwischenzustand, in dem Mensch und Natur so unvermittelt aufeinandertrafen, möglichst schnell beendet werden. Die Hütte war immer, so schrieb auch Tocqueville, »nur ein momentanes Asyl, ein vorübergehendes Zugeständnis an die Notwendigkeit der Umstände«. Das allerdings blieb sie für die nächsten zweihundert Jahre, so lange dauerte es, bis sich die Europäer den nordamerikanischen Kontinent zur Gänze einverleibt hatten. Erst die Hütte hat das möglich gemacht.

Mit den Skandinaviern und Deutschen, die ab Ende des 17. Jahrhunderts zu Tausenden ankamen und sich gleich einen Ruf als effektive Arbeiter machten, verbreitete sich die Blockhütte, für deren Bau man nicht mal Nägel brauchte und die notfalls auch ein Mann allein errichten konnte. Ein Stück Wald abzuholzen, aus dem Material, das er geliefert hatte, eine erste Insel zu schaffen, von der aus die Inbesitznahme des Landes weiter betrieben werden konnte, wurde zum tausendfach wiederholten Akt.

Die meisten Beschreibungen des Siedlerlebens, die es heute gibt, stammen von reisenden Europäern wie de Tocqueville, die staunten, wie man freiwillig in Umständen leben konnte, unter denen in Europa nur die Armen hausten. Der Holländer Jasper Danckaerts, der 1679/80 die Kolonien besuchte, schrieb: »Die Behausungen sind so armselig gebaut, dass man nur dann nicht friert, wenn man so nah am Feuer ist, dass man fast verbrennt, denn der Wind bläst überall durch.« Der Schotte Basil Hall, in den 1820er-Jahren in den USA unterwegs, beschrieb indigniert eine frisch bebaute Lichtung: »Bäume liegen durcheinander auf der Erde, einer über dem anderen, und eine jämmerliche Blockhütte ist das einzige Anzeichen einer menschlichen Unterkunft.« Zu einem mit der *Camera lucida* – einem Instrument, mit dem sich fotografisch präzise zeichnen lässt – angefertigten Bild einer Blockhütte notiert er: »Manchmal gibt man sich gar keine Mühe, die Lücken zu stopfen. Ich erinnere mich, wie ich einmal im Bett lag und meinen Arm zwischen zwei Stämmen nach draußen in die Luft strecken konnte!«

Auf Besucher aus einer Welt, die das Haus gerade als Ort der Selbstverwirklichung entdeckte, mussten die winzigen Häuschen, in die ein Leben gepfercht war, abschreckend wirken. Und tatsächlich waren sie höchst unkomfortable Behausungen. Im Sommer zu warm, im Winter zu kalt, mit Fenstern, die kein Glas verschloss, sondern mit Fett eingeriebenes Papier, was es transparent machte. Die Luft roch nach Mensch und dem, was zuletzt gekocht worden war. Die Funken des offenen Feuers konnten jederzeit wahrlich dunkel ausgesehen. Und doch war er 52 Jahre später Präsident der Vereinigten Staaten von Amerika.

Von ganz unten nach ganz oben, das war eine der zentralen Verheißungen des jungen Landes. Nun hatte sie auch ihr Symbol, in zweifachem Sinn.

In Amerika zu leben hieß, der Hütte entwachsen und an den grenzenlosen Möglichkeiten teilhaben zu können, die das Land bot. Gleichzeitig verließ die Hütte nie ganz, wer in einer geboren war. Die Entbehrungen, die er erlebte, hätten Lincoln geprägt, sagte Präsident Taft in seiner Rede: sein Gespür für die Benachteiligten in der Gesellschaft, sein Gerechtigkeitsgefühl, seine Überzeugung, dass Sklaverei falsch ist, hätten dort ihren Ursprung. Ehrlich, tolerant, unprätentiös, ehrgeizig, nobel – die guten Eigenschaften, die Abraham Lincoln nachgesagt wurden, waren auch die, die die Amerikaner gern sich selbst zuschrieben. Und nichts schien sie zuverlässiger zu gewährleisten als die Geburt in einer Hütte.

Symbole sind mitunter stärker als die Wirklichkeit, und darum stellte an jenem Novembertag niemand die Echtheit des Häuschens in dem steinernen Mausoleum infrage, und auch lange danach nicht. Man hätte aber damals schon wissen können, dass man einer Fantasie ein Denkmal gebaut hatte. Die Familie Lincoln verließ das Blockhaus, in dem ihr Sohn 1809 zur Welt kam, schon zwei Jahre später und zog auf eine kleine Farm. Als Lincoln ermordet wurde, stellte man wenig später an der Stelle, an der sein Geburtshaus gestanden haben könnte, ein Schild auf – die Hütte war nämlich schon nicht mehr da. In den 1890er-Jahren kaufte ein geschäftstüchtiger New Yorker das Stück Land, auf dem die Lincolns gesiedelt hatten, und beauftragte einen Bekannten, ihre Hütte wiederzufinden. Der kam mit einem in seine Einzelteile zerlegten Blockhaus von einem Nachbargrundstück wieder und behauptete, das sei das richtige, es sei versetzt worden. Das stimmte nicht, doch es blieb bei der Geschichte, ihren ersten Auftritt als Lincolns Geburtshütte hatten die Holzstämme auf einer Ausstellung zur Landesgeschichte in Tennessee. Irgendwann landeten sie in einem Lagerhaus in New York, wo sie blieben, bis der Plan für das Denkmal entstand. Die Hütte, die dann kurz vor der Eröffnung im Inneren des fertigen Dokuments aufgestellt wurde, war allerdings größer als der für sie vorgesehene Raum, es blieb den Besuchern kein Platz, um um sie herumzugehen. Also schnitt man die sich an den Ecken kreuzenden Stämme ab. Inzwischen weist ein Schild darauf hin, dass es sich nur um eine ›symbolische‹ Hütte handelt.

Es ist auch nicht wichtig, Lincolns Hütte bezieht ihre Wirkung nicht aus ihrer Echtheit, sondern aus dem Kontrast zu dem, was nach ihr kam. Von der Blockhütte ins Weiße Haus – die Geschichte ist auch deswegen so bestechend, weil an ihren Endpunkten zwei Behausungen stehen, die unterschiedlicher nicht sein könnten: die ärmliche Bleibe mit einem Zimmer und der weiße Palast mit 132.

Die Hütte als Obdach von jemandem, der für Größeres bestimmt ist, fasziniert nicht nur in Amerika. Tausende Kilometer von Kentucky entfernt steckt noch eine Hütte in einer schützenden Hülle, diese ist aus Glas. Sie steht nahe St. Petersburg, gehörte einmal dem Fabrikarbeiter Nikolai Yemelyanow und wäre vergessen, hätte nicht Wladimir Iljitsch Lenin im Juli 1917 für ein paar Tage in ihr übernachtet. Nach dem gescheiterten Juli-Aufstand floh er aus St. Petersburg, aber nicht sehr weit: Um in Kontakt mit Parteimitgliedern bleiben zu können, tauchte er bei Yemelyanow unter, der stellte ihm eine Hütte zur Verfügung, in der er Heu lagerte. Nach einigen Tagen wechselte Lenin an einen See, wo sein Freund ihm half, eine einfachste Hütte aus Ästen und darübergeschichtetem Heu zu bauen. Hier, mit zwei Baumstümpfen als Stuhl und Tisch, fing Lenin an, an *Staat und Revolution* zu arbeiten, Untertitel »Die Lehre des Marxismus vom Staat und die Aufgaben des Proletariats in der Revolution«, sein theoretisches Hauptwerk. Der große Geist in der primitiven Unterkunft – Grund genug, die Heuhütte, die bald nach Lenins dreiwöchigem Aufenthalt zerfallen sein muss, neu zu errichten und einen schmiedeeisernen Zaun darum zu ziehen. So erinnert sie heute an den Besuch des Revolutionsführers in Razliv. Die ein Stück entfernte Holzhütte wurde nach Lenins Tod zum Denkmal erklärt, 1970 bekam sie eine Glashülle.

Die Hütte auf Elephant Island, jene, in der der amerikanische Präsident zur Welt kam und die, in der der russische Revolutionsführer unterschlüpfte: Sie alle bekommen etwas Heroisches in ihrer Einfachheit – weil ihre Bewohner nur vorübergehend da waren. Der Aufenthalt in der Hütte, unter schwierigen Bedingungen, wird zu einem der Hemmnisse, die eine Heldengeschichte braucht. Auch das Christentum hat mit einer Geburt in einem Holzverschlag begonnen.

Zu einer Heldengeschichte gehört auch, die Hütte hinter sich zu lassen, sie auszutauschen gegen eine der eigenen Bedeutung und Fähigkeiten angemessenere Umgebung. Nur dann kann sie umgedeutet werden: In den USA standen viele Hütten, die sich von den Blockhäusern der Siedler äußerlich kaum unterschieden, doch für einen ganz anderen Aspekt amerikanischer Geschichte. In ihnen wohnten Sklaven, für die das Aufstiegsversprechen des jungen Landes nicht galt. Das berühmteste Zuhause eines Sklaven, Onkel Toms Hütte aus Harriet Beecher Stowes gleichnamigem Roman, ist von historisch nicht sehr wahrscheinlicher Behaglichkeit, mit Vorhängen und einem Hühnerbraten, der auf dem Tisch brutzelt. Aus so einem Heim gerissen zu werden, machte das Unrecht greifbarer, das dem Sklaven Tom geschieht, als er an einen anderen Farmbesitzer verkauft und von seiner Familie getrennt wird, zumal für weiße Leser des 19. Jahrhunderts. Inzwischen wird der Roman der Abolitionistin Beecher Stowe nicht zuletzt für die Darstellung Toms kritisiert, dessen tiefer Glaube und Duldsamkeit ihn davon abhalten, sein Schicksal selbst in die Hand zu nehmen.

Korrekter wäre eine Hütte gewesen, wie sie Booker T. Washington beschreibt, selbst Kind von Sklaven, später Pädagoge und Anfang des 20. Jahrhunderts wichtigste Stimme der Afroamerikaner:

> *Die Hütte hatte keine Fenster aus Glas; sie hatte nur Öffnungen in der Seite, die Licht hereinließen, aber auch die kalte, eisige Winterluft. Es gab eine Tür, oder etwas, was Tür genannt wurde, aber die schwachen Scharniere, an denen sie hing, und die großen Risse, ganz zu schweigen von der Tatsache, dass sie zu klein war, machten den Raum sehr ungemütlich.*

Die Hütte, in der Booker T. Washington 1856 zur Welt kam, stand am Rand der Plantage in Virginia, auf der seine Eltern arbeiteten, zusammen mit den Häusern der anderen Sklaven.

Diese Behausungen blieben im Gedächtnis Amerikas ein Symbol für Armut und Unterdrückung. Nur eine Hütte, die man hinter sich lassen kann, wird zum heroischen Ort. Und von einem Leben in der Hütte träumen nur die, die die Freiheit haben, sich dafür zu entscheiden.

15

16

15 Dass die Blockhütte heute Teil des amerikanischen Gründungsmythos ist, liegt auch an den Bildern von Thomas Cole: *Home in the woods*, 1847.

16 Ein Goldsucher vor seiner Hütte in Colorado, Ende des 19. Jahrhunderts.

17 Von ganz unten nach ganz oben: Die Hütte auf dieser Postkarte von 1891 galt lange als das Haus, in dem Präsident Abraham Lincoln zur Welt kam.

18 Hütte einer Familie von Sklaven in Alabama.

19 Wladimir Iljitsch Lenin versteckte sich im Juli 1917 in einem Unterschlupf aus Heu und Ästen bei St. Petersburg. Mehrere Gemälde erinnern an den Aufenthalt, auch dieses von Arkadi Rylow.

Abraham Lincoln's Log Cabin
During the World's Fair by Abraham Lincoln Log Cabin Association

17

18

19

SCHARFE KANTEN

Dass wir wirklich eine Hütte bauten, konnte ich erst glauben, als ich das erste Mal durch ihr Fenster sah. Oder das, was das Fenster sein würde. Den Holzrahmenbau aufzustellen hatte nur wenige Tage gedauert, die Form des Hauses war damit schon umrissen und doch blieb es abstrakt, eine in die Luft gestellte Skizze. Ich stand zwischen den schlanken Brettern und sah auf die Kiefern und Eichen, hinter denen man jetzt, im Sommer, den See nur erahnte. Es war der Blick, den ich gleich gemocht hatte, als ich mehr als zwei Jahre zuvor zum ersten Mal hier war, und den ich inzwischen so gut kannte. Aber jetzt war etwas anders. Der Holzrahmen fasste die Bäume und den See ein wie ein Bild. Die Natur war zum Ausschnitt geworden. Sie war nicht mehr einfach nur da, sie war für mich da. In dem Moment begriff ich, was es hieß, ein Haus zu bauen.

Es hatte lange gedauert, bis unser Haus zu wachsen begann, fand ich jedenfalls. Wenn das geschieht, ist ja schon viel getan, durch den Boden ziehen sich die Leitungen und Anschlüsse, die sich mit anderen Leitungen und Anschlüssen verbinden werden und später die erstaunliche Tatsache, dass ein Licht angeht, wenn man einen Schalter drückt, so beiläufig werden lassen, dass niemand staunt.

Lloyd Kahn, ein über 80-jähriger Kalifornier, der in seinem Leben schon viele Hütten gebaut hat, sagt in einem Film, der über ihn gedreht wurde: Er fühle sich gut, wenn die Bodenplatte liegt. Dann sei er stolz auf das, was er schon geschafft habe. Es war die Perspektive des Arbeiters, die hatte auch mein Mann. Er verließ jetzt oft im Blaumann die Wohnung in Berlin und wenn ich mal zur Baustelle kam, sah ich, wie er mit leisem Stolz die Fläche abschritt, die er gerade mit dem Bagger glattgezogen hatte, oder wie sein Blick zufrieden auf der neuen Grube ruhte, Fassungsvermögen: 4000 Liter Abwasser und Fäkalien.

Ich war dankbar und beeindruckt, dass in meinem Mann neben allen Dingen, die ich an ihm liebte, auch noch ein Handwerker und Bauleiter steckte, der bald jeden Elektriker und Installateur im Umkreis kannte. Ansonsten wartete ich darauf, dass es endlich wirklich losging.

Die Latten des Rahmenbaus verschwanden bald hinter Holzplatten und die wieder hinter Dämmstoff. Für viele Wochen war unsere Hütte eine schwarze Stoffkiste, dann hielt endlich ein Lastwagen am Rand des Ackers. Ein Gabelstapler lud einen Berg Holzbretter auf, holperte den Feldweg entlang und legte sie vor unserer Baustelle ab. Ich strich über die glatte helle Oberfläche der Bretter. Die Sibirische Lärche, der Baum, von dem dieses Holz stammte, war über 100 Jahre alt gewesen, vielleicht sogar 140. Als er zu wachsen begann, regierte ein Zar über Sibirien und unser See lag in Preußen, das erst an der Grenze zu Russland endete. Und nun war er gefällt und auf Waggons durch den Kontinent gefahren worden, damit wir ein Haus bauen konnten, von dem wir fanden, dass es hierher passte: ein Haus, das aussah, als sei es aus dem Wald nebenan zusammengezimmert worden.

Ich sah die Schnittstellen der Bretter an, die Jahresringe krümmten sich so dicht aneinander, dass sie sich fast berührten. Die Lärche wächst in den kurzen sibirischen Sommern sehr langsam, das Holz, das dabei entsteht, ist dicht und robust, darum wird es 7000 Kilometer weit transportiert, um in Deutschland zu Terrassen und Fassaden zu werden. Unsere Lärchenbretter hatten ein Zertifikat, das zusicherte, dass sie nicht aus einem der Urwälder kamen, die immer kleiner wurden, sondern aus nachhaltiger Pflanzung. Aber was hieß das schon, nachhaltig, wenn ein Baum 100 Jahre braucht, um einen anderen zu ersetzen?

»Um wirklich nachhaltig zu bauen, müsste man Ziegel verwenden«, sagte Thomas, unser Zimmermann. »Sind aus Ton, wiederverwendbar und halten ewig.« Thomas wusste, dass unser Haus möglichst ökologisch werden sollte, vom Dämmstoff bis zur Fassade, und führte uns unaufgeregt immer wieder mal die Widersprüche vor Augen, in die wir uns dabei verstrickten.

Wir bauten eben nicht nur ein Haus. Wir bauten eine Fantasie. Und die Hütte meiner Fantasie war nicht aus Stein, weil auch Almhütten, die Hütte von Henry David Thoreau am Walden Pond, die von Rotkäppchens Großmutter und George Bernard Shaws wundersame drehbare Schreibhütte nicht aus Stein waren. Sondern aus Holz. Sie alle hatten in meinem Kopf längst festgelegt, was eine Hütte ist. Es waren die Gravüren, die Gaston Bachelard in seiner *Poetik des Raums* beschrieben hatte: die Bilder, die immer schon da sind, die Räume, die von Geborgenheit, vom Wesen des Wohnens erzählen.

Wir wollten ein kleines einfaches Haus, aber wir hatten schnell gemerkt, dass es das nicht gab. Es gab nur Arten zu bauen, die sagten: Dies will ein kleines einfaches Haus sein.

Genau genommen ging das schon Thoreau so, als er an den Walden Pond eine Hütte aus gebrauchten Brettern stellte, die der Welt zeigen sollte, wie wenig man braucht; und auch den Adligen des 18. Jahrhunderts, die in ihre Parks Fantasiegebäude stellten und sie Eremitagen nannten, und Le Corbusier, der seinen Kunden weiße, schwebende Villen entwarf und sich selbst eine Holzhütte.

Alles war Stil, alles Verweis. Wir konnten uns nur entscheiden. Unsere Hütte, das war uns schnell klar, würde auf den ersten Blick etwas über uns erzählen: Hier hatten sich Städter ihre Idee von Einfachheit gebaut. Und das auch eher optisch, sie würde keine Übung im Verzicht werden. Wir würden heizen können, Strom haben und eine Toilette.

Unser Haus sollte seine Hüttenhaftigkeit nicht ausstellen, keine zu offensichtliche Pose einer Hütte werden. Sie sollte sich zurücknehmen, sich einfügen in den bewaldeten Hang, an dem sie stand. Die schmalen sibirischen Lärchenbretter sollten sie wie aus einem Guss erscheinen lassen, sie überziehen wie eine Haut. Thomas hörte sich solche Ausführungen an und sagte dann ruhig, als ob es kein Kommentar wäre, sondern einfach ein Satz, der ihm gerade eingefallen war: »Bauen ist der Kampf gegen Wasser.« Er mochte den Auftrag, als Zimmermann bekommt man nicht oft Gelegenheit, ein ganzes Haus zu bauen. Er fand nur, dass wir es bisweilen etwas übertrieben mit dem Maß, in dem wir unserer Hütte das Rustikale austreiben wollten. Dass wir zum Beispiel unbedingt Bretter mit scharfen Kanten wollten, um diese klare Silhouette zu bekommen, von der wir die ganze Zeit redeten, wo es seit Jahrhunderten üblich war, Holzkanten abzuschrägen, damit das Wasser besser abläuft.

Ich dachte an Madame Savoye und ihre erschöpften Briefe an ihren Architekten Le Corbusier, in denen sie erklärte, wo es überall hineinregnete in ihr als Architekturikone gefeiertes Haus, und hoffte, dass es schon nicht so schlimm werden würde.

Wir bekamen unsere scharfkantigen Lärchenhölzer, und als Thomas sie dann eines nach dem anderen an die Fassade nagelte, war es, als ob die Hütte ihr Gesicht bekam. Sie war fast fertig, fühlte sich aber immer noch so unwirklich an wie die 3D-Zeichnung auf dem Computerbildschirm. Wir mussten sie erst in Besitz nehmen.

ABSEITS

20

21

22

23

20 Das Haus des Einsiedlers ist die Hütte. Manchmal reicht auch ein ausgehöhlter Baumstamm mit Strohdach. Hieronymus Bosch, *Die Versuchung des Heiligen Antonius*, um 1500.

21 Eine Kupferstich-Serie von Jan Sadeler aus dem 16. Jahrhundert portraitierte Einsiedler und ihre Behausungen.

22 Im Märchen sollte man zur Hütte und ihrer Bewohnerin besser Abstand halten. Illustration zu *Hänsel und Gretel*, 1914.

23 In Johanna Spyris *Heidi* traut das Dorf dem Alten in seiner Hütte nicht. Doch Heidi wird beim Alm-Öhi glücklich.

EIN MANN LEBT SEIT 55 JAHREN IN EINER HÜTTE UND MACHT SICH IMMER NOCH VERDÄCHTIG

Vor ein paar Tagen war wieder so ein Moment. Günter Hamker stand vor seiner Hütte und hörte: nichts. Der Wind, der hier sonst durch die Bäume fährt, war weg, als ob ihn jemand zugedreht hätte. Kein Blatt bewegte sich mehr, kein Vogel sang, kein Ast knackte.

Sie sind selten, diese Augenblicke vollkommener Stille. Es gibt sie, wenn das Wetter umschlägt oder im tiefen Winter. Günter Hamker sagt, dass er sich dann geborgen fühlt. Als ob er und seine Hütte Teil dieser Natur sind, die für einen Moment ganz zur Ruhe gekommen ist.

Er hat sich nicht immer so aufgehoben gefühlt, es hat Jahre gedauert. Anfangs ging es ihm wie den meisten seiner Besucher heute: Ihnen macht der Wald eher Angst, umso mehr, je stiller und tiefer er scheint. Er ist ihnen so fremd wie das Leben, das Günter Hamker führt. Allein, in einer früheren Jagdhütte, der nächste Ort ist sechs Kilometer entfernt, der Briefkasten vier. Er steht nahe der Landstraße, kurz bevor der unbefestigte Weg, der zu Günter Hamkers Hütte führt, in den Wald eintaucht.

Günter Hamker, schlank und aufrecht, fester Blick, ist 77 Jahre alt und seit 55 Jahren wohnt er in der Holzhütte, um die sich so dick Efeu rankt, als wolle die Natur sie sich einverleiben. Durch ein großes Fenster sieht man einen Tisch mit Flieder darauf, eine Petroleumlampe, Holzwände, Bücherregale. Schlichte Behaglichkeit, die hier, mitten im Wald, besonders einladend wirkt. Drinnen gibt es zwei langgezogene Zimmer, Hamker hat ein bisschen angebaut über die Jahre. Dem einen Raum, aus dem das Häuschen früher bestand, hat er einen weiteren vorgesetzt. Hinten kocht er jetzt und schläft, vorne stehen ein Sofa, ein Esstisch und ein Sekretär, über dem ein paar Schwarz-Weiß-Fotografien hängen. Auf einer stehen sechs Kinder um ein älteres Paar, das würdevoll aus dem Bild blickt. Günter Hamker mit seinen Geschwistern und den Großeltern. Wald und Hütte haben einst dem Großvater gehört, einem Margarine-Fabrikanten aus Norddeutschland, der sich den Wald im Niedersächsischen Bergland in den 1930er-Jahren gekauft hatte, als Kapitalanlage und weil er gern jagte. Jedes Jahr an Pfingsten mussten die Waldarbeiter, die hier sonst übernachteten, die Hütte räumen, dann kam der Fabrikdirektor mit Kindern und Enkeln und die Familie tauschte ihr großbürgerliches Leben für ein paar Tage gegen eines mit Bettenlager, offener Feuerstelle vor dem Haus und Wasser aus der Quelle. Günter Hamker liebte als Kind diese Tage der Freiheit, und er liebte den Wald. Als er zwölf war, fragte der Großvater seinen erstgeborenen Enkel, ob er all das einmal besitzen wolle. Günter Hamker nickte. Ein Jahr später starb der Großvater und Günter Hamker war Waldeigentümer.

Er wusste noch nicht, dass der Wald einmal seine Rettung sein würde, der Ausweg aus dem Leben, das für ihn vorgesehen war und das er nicht wollte. Nach dem Abitur fing er, wie vom Vater gewünscht, eine Banklehre an, eine Karriere in der Wirtschaft hätte folgen sollen. Am Tag nach seinem 21. Geburtstag, in den Fünfzigerjahren das Datum der Volljährigkeit, ging er zum Direktor seiner Bank und kündigte. Er würde in Münster Medizin studieren und an den Wochenenden in der Hütte leben, die Einkünfte aus dem Wald würden seinen Lebensunterhalt sichern. Das war der Plan. Er ging nicht auf, es war alles zu viel, das Zerwürfnis mit dem Vater, seine Prüfungsängste, die Anstrengung, gleichzeitig zu studieren und zu lernen, wie man einen Wald bewirtschaftet. Günter Hamker begann zu trinken. Seine Alkoholabhängigkeit kostete ihn Jahre, am Ende hatte er sein Medizinstudium nicht beendet, aber er wusste, was er wollte. Im Wald leben, in der Hütte. Ein Leben mit Abstand von der Welt, aber nicht ohne sie.

»Ich bin kein Einsiedler«, das hat Günter Hamker schon beim ersten Gespräch am Telefon gesagt. Er wolle das gleich klarstellen. Mehr als einmal haben Zeitungsreporter ihn besucht. In den Artikeln wird er zum Kauz, zum Aussteiger, zu jemandem, der die Einsamkeit gewählt hat, weil er mit den Menschen nicht klarkommt.

Günter Hamker erkennt sich in den Berichten nicht richtig wieder. Er sagt, dass er sich ein Leben ohne Kontakt zur Außenwelt nicht vorstellen kann. Er hat ein Handy und Internetempfang. Er hat Freunde, er hatte Beziehungen. Die waren nicht immer einfach, weil man mit Hamker auch das Hüttendasein bekommt. Die selbstgelegte Wasserleitung zur Quelle, die auch mal für ein paar Wochen nicht funktionieren kann. Das alte Telefon mit der

Wählscheibe, das es auch dann noch tut, wenn das Mobilfunknetz mal wieder schwächelt. Regen und Schnee, die die Waldwege unbefahrbar machen, ohne Rücksicht darauf, ob am Abend ein Theaterbesuch in Hildesheim geplant ist. Günther Hamker bleibt dann eben zu Hause. Er mag dieses Leben der klaren Zusammenhänge. Es wird warm, wenn er Holz in den Ofen legt. Wasser fließt, wenn die Pumpe es durch die Leitung treibt. Er wollte es so, es tut ihm gut. Gerade, sagt er, ist er nochmal verliebt. Seine Freundin kommt an den Wochenenden. So war es auch früher, keine Frau ist je ganz eingezogen.

Günter Hamker serviert selbstgemachte Himbeerlimonade, die Gläser stellt er auf einen kleinen Tisch vor dem Haus, neben dem zwei Korbstühle stehen. Es ist ein warmer Tag Anfang Mai, die mächtige Kastanie, die ihre Äste wie schützend über das kleine Haus streckt, trägt weiße Blüten. Hamker hat sie selbst gepflanzt, vor etwa 70 Jahren, ein Geschenk für den Großvater. Der Baum war damals kleiner als er. Neben dem Tisch liegt Remo, ein Berner Sennenhund. Hamker holt ihn jeden Morgen im Dorf ab und bringt ihn nachmittags zu seinen Besitzern zurück. Sie haben nicht so viel Zeit für den Hund, und Hamker mag die Gesellschaft. Er hatte immer eigene Hunde, aber jetzt fühlt er sich zu alt. Er könnte vor dem Tier sterben, das möchte er ihm nicht antun.

Günter Hamker zeigt auf den Zaun, der seinen Garten begrenzt. Vor ein paar Jahren standen hier spät an einem Abend ein paar Menschen aus dem Dorf, nicht mehr jung, angetrunken. »Da wohnt er«, hörte er sie sagen, und: »Der hat sie nicht mehr alle.« Dann gingen sie wieder.

So unverblümt hat er das Unverständnis der Menschen selten zu spüren bekommen. Gemerkt hat er es oft. An Blicken, an Bemerkungen: Was er denn schon wisse. Er sei doch gar keiner von ihnen, sondern lebe da oben, im Wald.

Es erregt Verdacht, wenn jemand so lebt: in einer Hütte, abseits vom nächsten Dorf, der nächsten Stadt. Wenn jemand so ein Dasein wählt, wenn doch eines unter Menschen zur Verfügung stünde. Misstrauen steigt auf: Warum tut der das? Was erträgt er nicht am Leben in Gesellschaft? Was findet er im Alleinsein? Die Hütte wird zum einprägsamen Bild eines solchen Rückzugs.

Vielleicht liegt die Irritation, die jemand wie Günter Hamker auslöst, auch daran, dass sein Leben das der anderen infrage stellt, es in einem anderen Licht zeigt, seine Konventionen und Ideen von Glück. Hier lebt jemand, für den Besitz und Komfort wenig zählen, erzählt das kleine Haus. Dem anderes wichtig ist. Die, die anders leben, fühlen sich vielleicht auch ertappt in ihrem Drang nach mehr.

WEM NÜTZT EIN MENSCH, DER ALLEIN IM WALD WOHNT? DIE KIRCHE TRAUT IHREN EREMITEN NICHT

Es hat schon immer zwiespältige Gefühle ausgelöst, wenn einer sich dort besser aufgehoben fühlt, wo niemand sonst ist. Einsiedler ist das Wort für so jemanden, wahrscheinlich mag es Günter Hamker nicht, weil auch für ihn mitschwingt: weltabgewandt, eigenbrötlerisch, menschenfeindlich.

Es gibt eine Serie von Kupferstichen vom Ende des 16. Jahrhunderts, die Einsiedler-Serie wird sie genannt, weil in ihr die Sadelers, eine Künstlerfamilie, berühmte Einsiedler der Geschichte dokumentierten. Es sind eindrucksvolle, etwas monotone Darstellungen älterer, bärtiger Männer in weiten Gewändern, im Hintergrund ist meistens ein kleines windschiefes Haus zu sehen: die Hütte des Einsiedlers. Sie ist die bauliche Entsprechung eines Lebens, das sich auf das Wesentliche konzentrieren will, im Fall der Sadeler'schen Einsiedler: auf das Gespräch mit Gott.

Auch der heilige Antonius ist auf einem der Stiche abgebildet, der Mann, der als Begründer des kirchlichen Einsiedler- oder Eremitentums gilt. Geboren um das Jahr 250 in Ägypten, als Sohn einer wohlhabenden christlichen Bauernfamilie, machten ihn als jungen Mann Sätze aus dem Matthäusevangelium nachdenklich, zum Beispiel: »Wenn du vollkommen sein willst, dann verkaufe alles, was du hast, und gib es den Armen.« Das tat er auch, nachdem seine Eltern gestorben waren, und zog erst in eine Hütte nahe seinem Dorf, danach in eine leerstehende Grabkammer. Eine besonders asketische Hüttenvariante. Es muss sich eine Art Eremiten-Tourismus entwickelt haben, so viele wollten Antonius sehen, dass er in die Berge flüchtete. Heute ist der Heilige Antonius vor allem noch bekannt durch die Kämpfe mit Dämonen, die er in der Einsamkeit ausgefochten haben soll und die ihn zu einem beliebten Motiv in der Kunstgeschichte machten. Hieronymus Bosch zum Beispiel hat ihn in die *Versuchungen des hl. Antonius* in einer Art ausgehöhlten Baumstamm platziert, zusammengesunken scheint er sich ganz auf sich zu konzentrieren, die Welt auszusperren.

Unter gläubigen Zeitgenossen wurde er zu einem Vorbild. Als er aus seiner Einsiedelei wieder hervortrat, soll die ägyptische Wüste voll von Hütten gewesen sein, erbaut von Menschen, die es Antonius gleichtun wollten. Es waren so viele, dass sie als ›Wüstenväter‹ in die Geschichte eingegangen sind.

Obwohl es den Eremiten um ein möglichst gottgefälliges Leben ging, gab es in der jungen institutionalisierten Kirche von Anfang an Vorbehalte gegen solche Vereinzelungstendenzen. »Wer aber abgesondert für sich lebt, der macht die Gnadengaben, die er vielleicht empfangen hat, durch Nichtgebrauch nutzlos, indem er sie in sich vergräbt« – so steht es zum Beispiel in den *Mönchsregeln* des Bischofs und Ordensgründers Basilius des Großen, die in der orthodoxen Kirche bis heute gelten. Zum Eremiten zu werden, bedeutet also, seine Fähigkeiten der Gemeinschaft vorzuenthalten. Wofür, so der Gedanke, hätte man sie dann aber bekommen? Dann steht da noch dieser Satz: »Denn weder können wir im Geschiedensein mit dem Verherrlichten uns freuen noch mit dem Leidenden mitleiden, da ja niemand um den Zustand des anderen wissen kann.« Wer allein ist, abgekapselt von den anderen, bringt sich um die Möglichkeit der Empathie – und damit um eine grundlegende Kraft des Menschseins.

Das Misstrauen, das Günter Hamker entgegenschlägt, hat also eine gewisse Tradition. Man kann sogar sagen: Die Skepsis gegenüber jemandem, der das Alleinsein der Gesellschaft vorzieht, gehört zum westlichen Denken.

Es steckt schon in Aristoteles' *Nikomachischer Ethik*, in der der griechische Philosoph den Menschen zum ›Zoon politikon‹ erklärt, zum politischen und sozialen Wesen, das seinen Daseinszweck nur in der Gemeinschaft erfüllen könne. »Wer allein lebt, muss entweder ein Biest oder ein Gott sein«, schreibt Aristoteles. So geht es auch weiter. Thomas von Aquin, Theologe und Philosoph des 13. Jahrhunderts, beschäftigt sich tausend Jahre nach Basilius mit Eremiten und kommt zu dem Schluss, dass sie eine Ausnahme bleiben sollten, weil sonst die Bedenken berechtigt sein könnten: dass der Eremit gewissermaßen außer Kontrolle gerät, viel schläft und auch sonst macht, wonach ihm gerade der Sinn steht. In der *Encyclopédie d'Yverdon*, einem großen Lexikonprojekt des 18. Jahrhunderts, welches fasziniert von dem Versuch war, das damalige Wissen der Welt zu versammeln, steht unter ›Solitaire‹, Einzelgänger: »Ein Einzelgänger ist für den Rest der Menschen wie ein lebloses Wesen; seine Gebete und sein kontemplatives Leben, das niemand sieht, haben keinen Einfluss auf die Gesellschaft, die Beispiele für Tugend vor ihren Augen nötiger hat als im Wald.«

Hier taucht wieder der Gedanke des Kirchenmannes Basilius auf: Wem nützt ein Mensch, der allein im Wald lebt? Niemandem. Es könnte ihn genauso gut nicht geben.

Quer durch die Kulturgeschichte zieht sich so das Unbehagen am selbstgewählten Alleinsein, das Günther Hamker nun schon seit Jahrzehnten begleitet. Es rührt aus dem Gefühl, dass es irgendwie gegen die Natur des Menschen sei, der doch dafür gemacht ist, mit seinesgleichen zu leben. Und gegen die Gesellschaft, die nur unter Beteiligung vieler Einzelner zu einer wird. Wer sich dem verweigert, so das Urteil, muss selbstsüchtig sein, verantwortungslos, vielleicht sogar gefährlich.

Man muss gar nicht in einer Hütte leben, um die Welt auszusperren. Man kann auch, wie der Unternehmer und Filmproduzent Howard Hughes in den Sechzigerjahren, ein Hotel in Las Vegas kaufen und es monatelang nicht mehr verlassen. Man kann Tag für Tag die Dunkelheit ersehnen, wie Franz Kafka, der die Nächte schreibend am Esstisch saß und notierte: »Ich brauche zu meinem Schreiben Abgeschiedenheit, nicht ›wie ein Einsiedler‹, das wäre nicht genug, sondern wie ein Toter.« Man kann wie ein *Hikikomori* in Japan sich als junger Erwachsener in sein Kinderzimmer zurückziehen und am Leben, dem man sich nicht gewachsen fühlt, einfach nicht mehr teilnehmen. Man kann mittendrin sein und doch draußen.

Es gibt aber nur ein Haus, dem die isolierte Daseinsform seines Bewohners quasi schon eingeschrieben ist. Alleinstehend, wie herausgehoben aus dem Dorf, der Stadt, in der Leben an Leben grenzt, ist die Hütte nicht ganz geheuer. Wie der Mensch, den sie beherbergt. Wer weiß, was einen hinter der Tür erwartet.

EINE FRAU IN EINER HÜTTE? DAS MUSS EINE HEXE SEIN

Wenn Literatur einen Ort braucht, an dem die Regeln der Gesellschaft aufgehoben werden, sich andere Kräfte Bahn brechen, hat darum oft eine Hütte ihren Auftritt. Buchstäblich außerhalb der Gemeinschaft, wird sie zur Bühne für das, was diese auch als außerhalb ihrer Normen betrachtet.

»›Ich möchte nur wissen‹, sagte die Barbel forschend, ›was der Alte auf dem Gewissen hat, dass er solche Augen macht und so mutterseelenallein da droben auf der Alm bleibt und sich fast nie blicken lässt. Man sagt allerhand von ihm.‹« Der Alte, der hier unter Verdacht steht, ist ein berühmter Hüttenbewohner: der Alm-Öhi aus Johanna Spyris *Heidis Lehr- und Wanderjahre*, 1880 erschienen und das bekannteste Werk der Schweizer Literatur. Barbel ist eine Frau aus dem Dorf, in dem auch der Alm-Öhi einmal gelebt hat. Ihre Meinung ist die des ganzen Ortes: Der da oben in der Hütte muss etwas zu verbergen haben, warum sonst sollte er sich so entziehen. Nun soll die elternlos gewordene Enkelin bei dem alten Eigenbrötler einziehen. Die Dorfbewohner kommentieren das mit fasziniertem Entsetzen.

Heidi aber wird glücklich in der Hütte. Sie schläft in einem Bett aus Heu, sieht beim Einschlafen die Sterne, fühlt sich behütet von der Natur und der unaufgeregten Fürsorge des Großvaters. Als sie nach ein paar Jahren zurück in die Stadt muss, ist sie ein Mädchen geworden, das Konventionen entlarvt als das, was sie sind. Das karge Hüttenleben hat sie zu einem freien Menschen gemacht, so die Moral des Buchs.

Nicht selten ist die Hütte in der Literatur so ein doppelt besetzter Raum: Als bedrohlich empfindet sie, wer um die Aufrechterhaltung der Ordnung fürchtet; als befreiend, wer mit dem Eintritt in die Hütte diese Normen und manchmal sein ganzes altes Leben hinter sich lassen kann.

Constance Chatterley etwa, die Heldin aus D. H. Lawrence' *Lady Chatterley's Lover*, lebt mit ihrem an den Rollstuhl gefesselten Ehemann in einem düsteren Herrenhaus, in dem sie sich zunehmend kraft- und antriebslos fühlt. Dann entdeckt sie bei einem Spaziergang im Wald eine Jagdhütte. Die Hütte wird erst zum Ruhepol für die junge Frau, die hier, umgeben von Natur, spürt, wie die Energie in ihren Körper zurückkehrt. Später wird das Häuschen zum Versteck, in dem Constance Sex mit dem Wildhüter hat. Die Affäre macht ihr klar, dass sie ihr altes Leben nicht länger will: nicht den dünkelhaften Ehemann, nicht die langweiligen Abende mit den ebenso blasierten Bekannten ihres Mannes, nicht das erdrückende alte Haus.

Das subversive Potenzial der Hütte hat hier bis in den Literaturbetrieb gewirkt: Die unbefangen beschriebenen Sexszenen waren zu viel für die 1920er-Jahre. D. H. Lawrence brachte das Buch 1928 im Eigendruck heraus, in England blieb es bis 1960 verboten.

Vielleicht war es auch schwer zu ertragen, dass eine Frau sich so selbstbestimmt befreite. Constance Chatterley hat mit der Jagdhütte, die vorher nur der Wildhüter genutzt hat, auch einen Ort der Männlichkeit erobert.

Selbstgenügsamkeit, Entgrenzung, Konfrontation mit der Natur und mit sich selbst: Es sind traditionell als männlich gesehene Bedürfnisse und Fantasien des Sich-selbst-Beweisens, für die das abgeschiedene Hüttendasein steht. Wahrscheinlich sind deswegen historische, ausgedachte und auch reale Hüttenbewohner selten Frauen. Männern wird ein solcher Rückzug noch eher zugestanden. Wenn er auch Misstrauen erregt, besteht doch die Möglichkeit, dass er, wie im Fall der Eremiten, von höheren Dingen motiviert ist. Eine Frau, die Gleiches tut, macht sich dagegen umgehend verdächtig. Zu offensichtlich verweigert sie sich den ihr zugeschriebenen Eigenschaften, sozial, fürsorglich, nährend zu sein.

Frauen, die das Alleinsein wählten, um Gott näher zu sein, wurden selbst dann oft nicht ganz aus der Gesellschaft entlassen. Es gab Eremitinnen, aber deutlich mehr weibliche Inklusen, in Klosterzellen eingemauerte Frauen: eine Öffnung zu einer Seite erlaubte ihnen, den Gottesdienst zu hören, eine auf der anderen Seite, sich Essen reichen zu lassen.

Was von Frauen zu erwarten ist, die allein in einer Hütte leben, wussten seit Jahrhunderten die Märchen: Sie zaubern, sind im Bund mit dem Bösen – sie sind Hexen. In einer Hütte muss Gretel der Hexe zu Diensten sein, während der eingesperrte Hänsel darauf wartet, verspeist zu werden. Und in einer Hütte lebt die japanische Hexe Yamauba und mästet ebenfalls ihre Gefangenen. Mitunter lebt sie ihre kannibalistische Neigung auch spontan aus, wenn sie etwa auf Reisende trifft, die sich in den Wäldern verlaufen haben. Manchmal verspeist sie sie mit ihrem zweiten, auf dem Kopf befindlichen Maul, in das sie von ihren langen Haaren gezogen werden.

Die Baba Jaga wiederum, fester Bestandteil der russischen und slawischen Folklore und eine ambivalente Hexenfigur, lebt in symbiotischer Beziehung mit ihrer Hütte. Ihr Häuschen steht auf Hühnerbeinen und die darin liegende Baba Jaga füllt die gesamte Länge des Raumes aus. Ihre Nase, die bis zur Decke wächst, eignet sich praktischerweise auch zum Wenden der Kohlen im Ofen. Besucher können die erst türlos erscheinende Hütte auffordern, sich zu drehen, was diese tut, worauf ein Eingang sichtbar wird. Die Baba Jaga empfängt Gäste liegend und hin und wieder verspeist sie sie auch. Im Vergleich mit der japanischen Yamauba und der slawischen Baba Jaga ist die Grimm'sche Hexe aus *Hänsel und Gretel* ein geradezu langweiliges Exemplar.

Dass es Hexen tatsächlich gibt, daran ließ die katholische Kirche im Mittelalter keinen Zweifel: Tausende Frauen wurden in Hexenprozessen zum Tode verurteilt. Heute weiß man, dass der Vorwurf, mit dem Teufel im Bund zu sein, vor allem allein lebende Frauen getroffen hat. Indem man sie umgebracht hat, ist man ihrer habhaft geworden; hat das Unbehagen besiegt, das es auslöst, wenn jemand für sich ist anstatt Teil eines Miteinanders. Allein hinter vier Wänden, die zu einer eigenen Welt werden, mit eigenen Regeln, Werten, Zielen. Das ist der Verdacht. Und manchmal ist es auch die Wahrheit.

AMERIKA SUCHT DEN UNABOMBER UND FINDET IHN IN EINER HÜTTE IN DEN BERGEN

Er hat auf diesen Moment gewartet und doch zögert er jetzt. Kurz vor der Hütte bleibt Jim Fitzgerald stehen. Er weiß, dass niemand in der Hütte ist, aber es fühlt sich nicht so an. Es ist, als würde er ihm gleich begegnen – dem, der bis vor drei Tagen in ihr gewohnt hat. Als wäre die Hütte ein Teil von ihm, seinen Gedanken und Taten.

Jim Fitzgerald sieht sich um. Da sind seine Kollegen vom FBI, die auf der Wiese ein großes Zelt aufgestellt haben, ein improvisiertes Lagezentrum. Die Übertragungswagen der Fernsehsender, die doch den Weg hergefunden haben, obwohl das FBI versucht hat, sie abzuwimmeln. Der Wald und dahinter die mächtigen Gipfel. Und die Hütte, klein und dunkel, eine schmale Tür und zwei kleine Fenster sind die einzigen Öffnungen. Die Tür öffnet sich zum Wald hin, weg von der Straße, das Haus wendet sich ab von der Welt. Vielleicht kostet es Jim Fitzgerald auch deswegen Überwindung, einzutreten. Er geht die letzten Meter bis zur Tür, drückt die Klinke herunter, steckt die Hände tief in die Taschen und geht hinein. Ein intensiver Geruch schlägt ihm entgegen, streng und süßlich zugleich, schwer zu ertragen nach der klaren Bergluft draußen. Er versucht, flach zu atmen, und wartet, bis sich seine Augen an die Dunkelheit gewöhnt haben.

Seine Kollegen haben ihm vorgeschlagen, allein reinzugehen, er ist ihnen dankbar dafür. Sie wissen, dass es ihm wichtig ist. In den vergangenen neun Monaten hat es für ihn nichts gegeben als diesen Fall, seine Ehe ist darüber in die Brüche gegangen. Das FBI hatte ihn, den erfahrenen Beamten und frisch ausgebildeten Profiler, dafür von Washington, D.C., nach San Francisco geholt. Eine Ehre, zeigte es doch, dass sie ihn für vielversprechend hielten – aber auch, wie ratlos sie immer noch waren. 16 Briefbomben in 17 Jahren und keine Spur vom Täter. Die Bomben kamen in sorgfältig verklebten und beschrifteten Päckchen an, sie explodierten beim Öffnen, verstümmelten Hände, trieben Holzsplitter und Nägel ins Fleisch, rissen tiefe Wunden in Arme, Beine, Oberkörper. Drei Menschen waren gestorben, 23 überlebten verletzt. Offenbar willkürlich ausgewählte Opfer, alle hatten sie etwas mit Technik oder Wissenschaft zu tun: Professoren für Informatik, Materialkunde, Elektrotechnik hatten ein Paket bekommen, der Besitzer eines Computerladens und der Chef einer Fluggesellschaft. Es war der größte Einsatz in der Geschichte des FBI und gleichzeitig einer der am wenigsten erfolgreichen. Als Jim Fitzgerald zu der neu gebildeten Sonderkommission kam, gab es nur ein paar vage Vermutungen über den Täter: ein wahrscheinlich weißer Mann, 40 bis 60 Jahre alt, aus der Gegend um San Francisco. Seit einer Weile verschickte ›FC‹, wie er sich nannte, in unregelmäßigen Abständen Briefe, wütende Pamphlete, in denen er sich über die gesellschaftliche Entwicklung erregte und sich auch seiner Taten brüstete. Jeder Brief wurde sofort ins FBI-Labor geschickt und auf Spuren von Fasern, Hautstückchen, Haaren untersucht. Nur mit dem Inhalt beschäftigte sich niemand so richtig.

Jim Fitzgerald hielt das für einen Fehler. Er war überzeugt, dass die Texte den Weg zum Unabomber – wie FBI und Medien ihn nannten – weisen, dass Stil, Ausdrucksweise und Redewendungen ihn verraten würden.

Und so war es am Ende auch. 80 Kilometer entfernt, im Gefängnis von Montanas Hauptstadt Helena, sitzt seit drei Tagen ein Mann in Untersuchungshaft: Ted Kaczynski, 53 Jahre alt, Harvard-Absolvent, ehemaliger Mathematik-Professor in Berkeley, seit 1971 Bewohner einer selbstgebauten Hütte nahe Lincoln, Montana.

Jim Fitzgerald geht zu der Schreibmaschine, die auf einem Brett in einer Ecke des Raumes steht. Auf ihr muss der Unabomber die Briefe getippt haben, und sein Manifest, eine 35 000 Worte lange Abhandlung über die Notwendigkeit, die Industriegesellschaft zu zerstören, sie durch eine primitivere zu ersetzen. Fitzgerald hat sie so oft gelesen, dass es sich manchmal schon anfühlte, als hätte er sie selbst geschrieben. Zwei weitere Schreibmaschinen liegen in einem Alkoven, neben dem Jahrbuch von Kaczynskis Abschlussklasse in Harvard und seinen Universitätszeugnissen.

Er spürt den Drang, die Tastatur zu berühren, einen Buchstaben zu drücken und den Hebel auf das Farbband springen zu lassen, aber er zwingt sich, die Hände nicht aus den Taschen zu nehmen. Keine Fingerabdrücke, alles hier ist Beweismaterial. Er stellt sich in die Mitte des Raums, dreht sich langsam um die eigene Achse. Er möchte sich alles einprägen. Neun Monate lang hat er sich Tag und Nacht gefragt, wer der Unabomber ist, was ihn antreibt. Nun steht er an dem Ort, der wahrscheinlich eine präzisere Antwort geben kann als der Täter selbst. In seinem Kosmos, drei mal dreieinhalb Meter, auf denen sich alles befindet, was er zum Leben braucht. Diese drei mal dreieinhalb Meter sind sein Leben, sie sind er selbst.

Beeindruckend effizient, ist Fitzgeralds erster Gedanke, als sein Blick über die Wände wandert. Jeder Zentimeter scheint ausgenutzt, auf Regalen liegen Dosen, Tuben, Werkzeug, Töpfe, Tüten mit Milchpulver und Haferflocken, wasserfeste Streichhölzer. An Nägeln hängen zwei Gewehre, Schneeschuhe, eine kleine Harfe. An der Wand lehnen Skier und ein Fahrradreifen. Ein Ofen, davor ein Stuhl. Ein schmales Lager aus abgenutzten Decken, Bett und Sofa zugleich. Von der Decke baumeln Schals und Pullover, an dünnen Seilen aufgehängt.

Im Boden ist eine Luke, Jim Fitzgerald weiß, dass Kaczynski sie in den kältesten Nächten als Toilette benutzt hat. In den Bergen von Montana ist es nun, Anfang April, immer noch Winter, der Bach, der nahe der Hütte fließt, ist zugefroren. Das erklärt auch den strengen Geruch. Der Bach war Kaczynskis Wasserquelle, er dürfte sich seit Monaten nur notdürftig gewaschen haben, seine Haare und seine Kleidung gar nicht. Auf den Bildern der Festnahme sieht man einen Mann mit ausdruckslosem Blick, die Haare lang und verfilzt, die Hose löchrig.

Ein batteriebetriebenes Radio ist neben der Schreibmaschine, einer Smith-Corona von 1932, das einzige technische Gerät in der Hütte. Es gibt eine Art Werkbank, an deren Rand explosive Chemikalien in Dosen stehen, dünne Metallrohre, Lötdraht. Hier hat Ted Kaczynski offenbar seine Bomben gebaut. Bevor das FBI in die Hütte ging, wurde ein kleiner Roboter hineingeschickt, für den Fall, dass es eine Sprengfalle gab. Eine größere Erniedrigung hätten sie Kaczynski nicht zufügen können, denkt sich Jim Fitzgerald. Dies war seine Burg, sein Refugium, und dann drang die Gesellschaft nicht nur in seine Hütte ein, sie schickte auch die aus seiner Sicht hassenswerteste Ausgeburt ihrer Technikgläubigkeit voraus, ein Produkt Künstlicher Intelligenz.

Knapp unter der Decke zieht sich ein langes Regal mit Büchern über drei Wände, Jim Fitzgerald geht es langsam ab. Es müssen um die 200 Bücher sein, über griechische Mythologie und das Alte Rom, deutsche, russische, spanische Wörterbücher, Bücher über essbare Pflanzen und Tierspuren, eines über die Psychologie der Frauen, eines über Nahtoderfahrungen und viele Romane. Charles Dickens' *David Copperfield*, Victor Hugos *Les Misérables* – beides Geschichten, in denen junge Männer unter schwierigen Umständen groß werden und doch zu sich finden. Besonders fallen Fitzgerald drei Bücher auf, über Zwillinge, die bei der Geburt getrennt wurden. Er weiß, dass Ted Kaczynski keinen Zwilling hat. Aber einen sieben Jahre jüngeren Bruder, David, zu dem er eine enge Beziehung hatte, bis David heiratete, was Ted als Verrat empfand. David ist der Grund, warum Ted Kaczynski nun im Gefängnis sitzt. Im vergangenen Sommer hatte der Unabomber sein Manifest an mehrere Zeitungen geschickt und verlangte, dass es veröffentlicht wird, sonst werde wieder eine Bombe explodieren. Das FBI war zunächst dagegen, man wollte sich nicht erpressen lassen. Fitzgerald widersprach: Den Text in Umlauf zu bringen, bedeute eine riesige Chance. Ein Kollege, Freund, Familienmitglied des Autors würde Stil und Argumente vielleicht erkennen. Das Manifest wurde in der *Washington Post* und der *New York Times* veröffentlicht, einige Zeit später meldete sich David Kaczynski beim FBI: Er habe Grund zu der Annahme, dass sein zurückgezogen lebender Bruder der Unabomber sei. Er lieferte Dutzende Briefe, die Ted Kaczynski im Laufe der Jahre an ihn und seine Mutter geschrieben hatte. Jim Fitzgerald verglich sie mit dem Manifest und war bald sicher: Die Suche war zu Ende.

Kaczynski war ahnungslos, als ein Nachbar an seine Tür klopfte und ihn bat, herauszukommen: ob er nur mal genau zeigen könne, wo die Grenze seines Grundstücks verlaufe. Wenn es um sein Grundstück ging, war er empfindlich, hatte der Nachbar dem FBI gesagt, das ihn um seine Hilfe bat. Ted Kaczynski öffnete die Tür, sagte, er komme gleich, er müsse nur eine Jacke anziehen. Als er sich umdrehte, packte ihn ein FBI-Beamter und legte ihm Handschellen an.

Die Gefängniszelle, in der er den Rest seines Lebens verbringen wird, wird ungefähr die Größe dieser Hütte haben, denkt Jim Fitzgerald. Wenn er nicht sowieso zum Tode verurteilt wird. Kaczynski tut ihm nicht leid, er ist ein Mörder. Aber er kennt seine Briefe, er weiß, dass er ein zutiefst unglücklicher Mann ist, einsam und voller Selbsthass, dabei brillant. Ein IQ von 167, zwei Klassen übersprungen, Harvard im Alter von sechzehn Jahren, Mathematik-Dozent in Berkeley mit 25. 1969 die plötzliche Kündigung, zwei Jahre später der Rückzug in die Hütte. Seine analytische Präzision spiegelt auch sein Manifest wider, das in seiner Radikalität befremdlich ist – er fordert eine Konterrevolution, die die technologischen und ökonomischen Grundlagen der westlichen Gesellschaften zerstört –, aber ansonsten Ideen enthält, wie sie in den Neunzigerjahren auch der Club of Rome oder Umweltschutzorganisationen äußern. Er kritisiert den Wohlstand auf Kosten der Natur, einen technischen Fortschritt, der Möglichkeiten bieten soll und in Wahrheit Abhängigkeiten erzeuge, einen Materialismus, der nicht glücklich mache. Es sind Gedanken dabei, die auch ihm, Fitzgerald, nicht fremd sind.

Jim Fitzgerald tritt nach draußen, blinzelt im Sonnenlicht, atmet tief ein. Er fragt sich, ob aus Ted Kaczynski auch dann der Unabomber geworden wäre, wenn er nicht in der Hütte gelebt hätte.

Darüber habe er viel nachgedacht, seit er vor über 20 Jahren in dem kleinen Haus stand, sagt Jim Fitzgerald. Er sitzt in einem Hotel in der Gemeinde State College in Pennsylvania und beschreibt seinen Besuch in Ted Kaczynskis Hütte. Ein zugewandter Mann Mitte 60, der gern ausschweifend erzählt, dabei aber nie vergisst, auf den Punkt zu kommen. Er ist inzwischen pensioniert, aber als Fallanalytiker immer noch gefragt. Am Abend zuvor hat er in der Penn-State-Universität einen Vortrag gehalten, es ging um seine Arbeit beim FBI und vor allem um die Fahndung nach dem Unabomber und seine Rolle dabei. Sein erster Fall nach seiner Weiterbildung zum Profiler war gleich sein spektakulärster.

Jim Fitzgerald ist einer der wenigen Menschen, die die Hütte von Ted Kaczynski von innen gesehen haben, so, wie er sie hinterlassen hat. Er sagt, dass ihm noch immer im Gedächtnis ist, wie er in Montana aus dem Auto stieg, die mächtigen Berge sah, die sich zu allen Seiten hinter dem Wald erhoben, und den Anblick erhebend fand; wie sein Blick dann auf die Hütte fiel und sich Beklemmung in das Gefühl mischte. Unter anderen Umständen wäre die Hütte für ihn einfach Teil des Panoramas geworden. Aber er wusste, was in ihr seinen Ausgang genommen hatte, und dieses Wissen legte sich über die Schönheit des Ortes wie ein dunkler Schleier.

Anfang Dezember 1997, eineinhalb Jahre nach Kaczynskis Festnahme, wurde die Hütte mit Planen umwickelt, auf die Ladefläche eines Lastwagens geschnallt und 1100 Meilen weit durchs Land gefahren. Auf einem Stützpunkt der Luftwaffe in Sacramento in Kalifornien wurde sie wieder abgeladen. In Sacramento sollte bald der Prozess gegen Ted Kaczynski beginnen, seine Verteidiger hatten die Hütte angefordert. Sie war ein wichtiger Bestandteil ihrer Strategie. Die einzige Möglichkeit, die Todesstrafe für Kaczynski zu verhindern, schien, die Jury davon zu überzeugen, dass er psychisch krank war. Die Hütte sollte dabei helfen. Die Anwälte wollten sie als Beweismittel präsentieren: Wer so lebte, konnte nicht bei geistiger Gesundheit sein.

David Kaczynski und seine Mutter arbeiteten inzwischen selbst daran, eine psychische Erkrankung ihres Bruders und Sohns plausibel scheinen zu lassen, ebenfalls in der Hoffnung, die Todesstrafe abzuwenden. In Fernseh- und Zeitungsinterviews beschrieben sie ihn als jemanden, der von Kindheit an schwer erreichbar gewesen sei und irgendwann gar nicht mehr. Wanda, die Mutter, erzählte immer wieder eine Episode: Mit neun Monaten habe Ted Kaczynski wegen einer allergischen Reaktion für ein paar Tage ins Krankenhaus gemusst, allein, wie es damals üblich war. Er sei als ein anderes Kind wiedergekommen: vorher fröhlich und anhänglich, sei er nun verschlossen und in sich gekehrt gewesen – und auch geblieben.

Schon vor dem Prozess hatte sich so ein Bild von Ted Kaczynski verfestigt: das vom verrückten Einsiedler, der in der Wildnis in einer heruntergekommenen Hütte hauste, selbstgeschossene Kaninchen aß und Bomben baute. Tatsächlich stand seine Hütte nicht in der Wildnis, sondern in einer Gegend, in der es viele Wochenendhäuschen gab. Er lebte zurückgezogen, aber nicht ohne Kontakte, seine Nachbarn beschrieben ihn als reserviert, aber höflich, für verrückt hielt ihn keiner. Sein ungepflegtes Aussehen bei der Festnahme war darauf zurückzuführen, dass er die Körperpflege während der Wintermonate vernachlässigt hatte, was einige Hüttenbewohner so hielten. Er besaß auch einen sauberen Anzug, den er trug, wenn er reisen musste, etwa um Material für die Bomben zu kaufen. Tatsächlich standen überall in Montana Hütten, in denen Aussteiger lebten. Das einfache, naturnahe Leben war im Trend und nicht gleich Nachweis einer psychischen Störung.

Es gab nie die Möglichkeit, sich einen differenzierteren Eindruck von Ted Kaczynski zu machen: Als der Prozess im Januar 1998 begann, war er auch gleich wieder vorbei. Kaczynski hatte erst kurz vorher von der Strategie seiner Verteidiger erfahren und war außer sich. Er wollte lieber sterben, als seine Schriften als das Produkt eines kranken Kopfes abgetan zu wissen. Also verlangte er, sich selbst verteidigen zu dürfen, was eine weitere Untersuchung durch eine Psychologin nach sich zog. Wie schon die Gutachter vor ihr diagnostizierte sie eine Schizophrenie mit paranoiden Zügen, sah ihn aber in der Lage, sich selbst zu verteidigen. Unerwarteterweise gestattete der Richter das nicht. Ted Kaczynski gab auf: Gegen die Zusage, nicht zum Tode verurteilt zu werden, erklärte er sich für schuldig. Seine lebenslange Haft verbüßt er im Hochsicherheitsgefängnis ADX Florence in Colorado. Seine Zelle ist etwas mehr als zwei mal dreieinhalb Meter groß.

Über Ted Kaczynskis Geisteszustand gibt es bis heute abweichende Meinungen. Es gab Psychologen, die die Diagnose Paranoide Schizophrenie verwarfen und Autismus feststellten. Der Gedächtnisforscher Douwe Draaisma hat an Kaczynskis Beispiel dargelegt, wie problematisch es ist, eine Diagnose zu stellen, wenn es um Taten wie seine geht: Fakten scheinen für sich zu sprechen, doch bei näherem Hinsehen sprechen die Fakten nur aufgrund der Bedeutung, die ihnen zugewiesen wird – um auf die Diagnose zu kommen, die man vorab schon im Sinn hat. Was nicht ins Bild passt, wird vernachlässigt. Die forensische Psychiaterin, die Kaczynski in Sacramento untersuchte, ordnete etwa sein Beharren darauf, dass seine Eltern alles falsch gemacht, ihn zu intellektueller Brillanz gedrängt hätten, um selbst sozial besser dazustehen, als Wahnvorstellung ein. Hinweise auf Autismus hatte sie zwar ebenfalls bemerkt – zum Beispiel, dass er bildhaft gemeinte Bemerkungen wörtlich nahm, soziale Gesten nicht einordnen konnte –, aber nicht berücksichtigt. Der Kollege, der das Asperger-Syndrom, eine Autismus-Variante, für wahrscheinlich hielt, fand wiederum, es sei typisch, dass Menschen ihre Eltern für das verantwortlich machen, was in ihrem Leben schief läuft, und kein pathologischer Wahn. Auf das Asperger-Syndrom dagegen deutete seiner Meinung nach vieles hin, darunter seine Vorliebe für Mathematik, die Tatsache, dass er nicht gern angefasst wurde, und die Beobachtung seiner Mutter, er habe neben und nicht mit anderen Kindern gespielt.

Noch komplizierter wird all das dadurch, so Gedächtnisforscher Draaisma, dass solche Diagnosen mit Rekonstruktionen der Vergangenheit arbeiten und diese Vergangenheit zum großen Teil mittels Erinnerungen wiederhergestellt wird – denen Kaczynskis, seines Bruders, seiner Mutter. Nur: Wie verlässlich sind diese Erinnerungen, wenn sie im Wissen darum hervorgeholt werden, was folgte? Wanda Kaczynski, die ihren Sohn vor einem Todesurteil retten wollte, wiederholte ein ums andere Mal, dass der Krankenhausaufenthalt als Kleinkind ihn für immer verändert habe. In ihrem Tagebuch hatte sie über 50 Jahre zuvor allerdings notiert, dass er nach ein paar Tagen wieder so fröhlich gewesen sei wie davor.

Neues Wissen verändert alte Erinnerungen, und ein vermeintlicher Fakt kann sich im Licht dessen, was später passiert, verändern.

Das trifft auch auf Ted Kaczynskis Hütte zu: Sie war ein unauffälliger Bau, bis FBI-Beamte ihn auf ihrer Schwelle festnahmen. In dem Moment wurde sie zum Symbol einer unheilvollen, gefährlichen Existenz – und kann als solches bis heute besichtigt werden. Zehn Jahre blieb sie in der Halle in Sacramento, dann wurde sie auseinandergenommen, nach Washington, D.C., gefahren und in einem Museum wieder aufgebaut, als Teil einer Ausstellung über die Arbeit des FBI. Sie steht da zwischen dem Schuh, in dem der als Schuhbomber bekannt gewordene Brite Richard Reid Sprengstoff versteckt hatte, den er während eines Flugs von Paris nach Miami im Dezember 2001 zünden wollte, was fehlschlug; und dem Gewehr, mit dem zwei Männer 2002 im Gebiet um Washington, D.C., aus dem Hinterhalt immer wieder auf Menschen schossen und zehn töteten. Betreten darf man die Hütte nicht, aber durch den Türrahmen hineinsehen. Sie ist leer, bereit, mit den Fantasien der Besucher gefüllt zu werden. Ein weiteres Artefakt des Schreckens, an dem sich der Schauder über menschliche Abgründe erregen kann.

Hat die Hütte Ted Kaczynski erst zum Unabomber gemacht? Sie war der Ort, an dem er alles hinter sich lassen konnte, was diese unbändige Wut in ihm erzeugte, die Familie, die Universität, das sogenannte System. Aber in dem er auch allein war mit dem, was Jim Fitzgerald »seine Dämonen« nennt. In dem nichts sein Weltbild herausforderte, er sich endgültig als einsamer Krieger im Kampf gegen eine irregeleitete Gesellschaft fühlen konnte.

Martin Heidegger, ein anderer Hüttenbewohner, stellte eine enge Beziehung her zwischen seinem eigenen Denken und der Hütte im Schwarzwald, die er, zusammen mit den sie umgebenden Weiden und Bauernhöfen, seine »Arbeitswelt« nannte. Wann immer er konnte, flüchtete er von Freiburg, wo er mit seiner Familie lebte, hinauf. Hier fühlte er sich eins mit sich, hier war er verschont von Urbanität und Moderne, für die er nichts übrighatte. Hierher lud er 1933 als frisch ernannter Rektor der Freiburger Universität auch Kollegen ein, um den Umbau der Universität im nationalsozialistischen Sinn voranzutreiben.

Die beste Zeit für das Philosophieren war, wenn »ein wilder Schneesturm mit seinen Stößen um die Hütte rast«, schrieb er in seinem Aufsatz »Warum bleiben wir in der Provinz?«. Dann befeuerten die Naturkräfte, die draußen am Werk waren, die ebenso existenzielle Suche des Philosophen nach Antworten drinnen. Heideggers Ringen um Worte, um Klarheit der Gedanken, wurde widergespiegelt vom Beben der Tannen, die dem Wind standzuhalten versuchten.

Auch Henry David Thoreau, der andere Hüttenbewohner, dessen Kritik an Industriegesellschaft und technischem Fortschritt Berühmtheit erlangte, glaubte, dass ein Haus den Menschen formt, der in ihm lebt. Jim Fitzgerald erwartete, in Kazcynskis kleiner Bibliothek *Walden* zu finden, das Buch, in dem Thoreau seine Zivilisationsskepsis und sein Dasein in der Hütte zusammengefasst hat. Vergeblich, es war nicht da.

24

24 Richard Barnes fotografierte die Hütte von Unabomber Ted Kaczynski in einem Depot des FBI in Sacramento: *Cabin in Warehouse*, 1998.

25 Blick nach drinnen: Hier lebte Ted Kaczynski von 1971 bis zu seiner Festnahme 1996.

26 In seiner Hütte auf dem Todtnauberg blieb Martin Heidegger verschont von Urbanität und Moderne.

25

26

HÜTTE AN HÜTTE

Der November ist immer schwer, sagt Erika. Es ist, als ob ihr Körper die Stadt erst wieder lernen muss. Den Stein, das Grau, das Drinnensein. Sie schläft schlecht, wird schnell müde. Sechs Monate hat sie in verschiedenen Schattierungen von Grün gelebt, der Tag begann am Tisch vor der Hütte, hinter dem der Wald liegt wie eine Tapete, und er endete dort, mit Kartenspielen und einem Glas Wein. Auch bei Regen, dann sitzen Erika und ihr Freund unter dem Vordach. Dazwischen Wanderungen, Spaziergänge um den See.

Zum Ende des Jahres, wenn sich Erika langsam an ihre Wohnung in der Kleinstadt gewöhnt hat, kann sie dann schon wieder rückwärtsrechnen: noch drei Monate, noch zweieinhalb. Die meisten Häuser in unserer Siedlung haben im Winter kein Wasser, auch Erikas nicht. Mitte März wird es wieder angestellt. Dann sperrt sie ihre Wohnung ab und zieht in die Hütte.

Erika ist 76 Jahre alt, eine herzliche Frau mit schwungvollen Schritten, man merkt gleich, dass sie gern und weit geht. Sie war Anfang 30, als ihr Mann und sie hier ein Häuschen bauten, damit gehörten sie zu den ersten. Als sie hörten, dass es an dem See, an dem sie so gern zeltete, nun Grundstücke zu pachten gab, bewarb sie sich gleich. Wenig später lud ein Laster die Bauteile ab. Nach einem Tag stand der Bungalow.

Erika wusste noch nicht, dass wenig in ihrem Leben so beständig sein würde wie dieses kleine Haus. Ihr Mann starb, ihr Betrieb wurde dichtgemacht, ihr Land verschwand. Die Hütte blieb.

In den Siebzigerjahren wuchsen Fertigbau-Häuschen entlang der Senke, in der der See liegt. Vor 12 000 Jahren haben schmelzende Gletscher eine Furche durch Brandenburgs Nordosten gezogen, an den tiefsten Stellen ist sie heute mit Wasser gefüllt, eine Perlenschnur aus Seen, jeder lang und schmal. Einer davon ist unserer, er hat hohe Uferwände, an denen Birken rascheln, und er hat ein Echo.

Wie die Häuser in einem Dorf sich an der Kirche orientieren, richten sich unsere Hütten zum See aus und zum Wald. Das 20. Jahrhundert hat dem Bedürfnis nach Rückzug und einem Stück Grün eine organisierte Form gegeben,

Hüttenvariationen wurden zu ihrer Architektur: Datsche, Laube, Bungalow. In Westdeutschland blieb es beim Kleingartenverein, dem immer etwas Strenges anhaftete. In der DDR kam das Konzept ›Naherholung‹ dazu, das dazu führte, dass weit draußen, in stillen Kiefernwäldern und an idyllischen Seeufern ›handelsübliche Bungalow-Typen‹, 20 bis 35 Quadratmeter groß, verteilt werden durften, in Ausnahmefällen sogar der Typ ›Party‹, immerhin 56 Quadratmeter. So steht es im Statut unserer Siedlung von 1971. Genau genommen verdanken wir unsere Hütte also dem damaligen Referat Erholungswesen, das im Interesse der ›erholungssuchenden Werktätigen‹ die Siedlung genehmigte. Das Land gehört heute dem Verein, der aus der früheren ›Interessengemeinschaft‹ geworden ist, also allen, die hier wohnen. Die Pacht ist erschwinglich.

Nach dem Mauerfall sah es so aus, als würde die Siedlung aufgelöst, der Strom sollte schon abgeklemmt und das Wasser abgestellt werden, da trafen sich alle auf der Wiese am See und beschlossen, für ihre Häuschen zu kämpfen.

»Ich brauche das hier draußen einfach«, sagt Erika, und der Satz wurde in den Jahren, die folgten, noch wahrer. Wann immer ihr die Zuversicht, mit der sie eigentlich durchs Leben geht, abhandenzukommen drohte, saß sie da und schaute ins Grün. Als der Betrieb, bei dem sie 25 Jahre lang gearbeitet hatte, abgewickelt wurde und sie beschloss, nochmal neu anzufangen, als Chefin eines kleinen Hotels. Als ihr Mann starb und sie plötzlich allein auf der Bank vor der Hütte saß. Als auch der Mann starb, der so unverhofft zu einer neuen späten Liebe geworden war. Sie saß dann einfach da und spürte, wie die Kraft wiederkam. »Andere Frauen gehen sonntags auf den Friedhof«, sagt sie am Tisch auf der Terrasse, vor der Kleiber und Schwanzmeisen ohne Pause im Steilflug das Vogelhäuschen ansteuern. »Ich war hier.«

Erikas Haus ist noch, wie es war, 30 Quadratmeter, dunkelbraune Holzlatten, grüne Fensterläden. Andere verschwinden unter den Verschönerungen, die ihre Besitzer im Laufe der Jahre vorgenommen haben. Winzige Eigenheimträume mit geschnörkelten Messinggeländern, Rauputz, schwedenrote Holzfassaden, geschlüpft aus der schlichten Strenge der Fertigteil-Bungalows. Es gibt alteingesessene Siedlungsbewohner wie Erika und Neulinge wie uns, manche sind aus Berlin, manche nicht. Eine zufällige Mischung, angenehm anders als in der Stadt, die ihre Einwohner nach Einkommen und Milieu sortiert. Alle hier verbindet die Überzeugung, dass dieser Ort ihnen guttut, und sonst erstmal nicht so viel. Es ist nicht die schlechteste Grundlage für ein Miteinander.

Oft sieht man die anderen nur von fern. Unten am See sind von unserer Terrasse noch im Oktober kleine Prozessionen zu erspähen: die Älteren auf dem Weg zum täglichen Bad im See. Die bunten großen Handtücher liegen wie Umhänge um die Körper, was den Marsch aussehen lässt, als wären Würdenträger auf dem Weg zu einer feierlichen Handlung, die nur ihnen bekannt ist. Und ein bisschen ist es auch so. Am Ufer gleiten die Handtücher zu Boden und vor den Augen erstaunter, atmungsaktiv verpackter Wanderer tauchen ihre Besitzer in den See, als sei der geheizt. Manchmal ist auch Erika dabei. Mit langen Zügen lässt sie den Abstand zwischen sich und dem Ufer größer werden, bis man nicht mehr weiß, ob das da draußen sie ist oder doch eine Ente.

SEHNSUCHT

27

28

29

27 Standort von Thoreaus Hütte, 1908. Der Steinhügel, der die Stelle markiert, wächst bis heute.

28 An der Zeichnung seiner Schwester Sophia für das Titelblatt von *Walden* bemängelte Thoreau, dass sie Tannen gemalt habe, wo Kiefern standen.

29 Noch Platz im Park? Ein Bebauungsvorschlag aus dem *Ideenmagazin für Liebhaber von Gärten*, 1796.

30 Hütten als Rückzugsort waren Mitte des 19. Jahrhunderts im Trend. Diese stand im Garten von Thoreaus Freund Ralph Waldo Emerson.

31 Ein Bewunderer Jean-Jacques Rousseaus ließ ihm zu Ehren einen Park errichten, inklusive einer *cabane de philosophe*, einer Philosophenhütte.

30

31

HENRY DAVID THOREAU ZIEHT ZUM WALDEN POND UND SCHENKT EINER FANTASIE IHRE BIBEL

Es gibt zwei Fotos von Henry David Thoreau, aber keines von seiner Hütte am Walden Pond. Als Thoreau dort von 1845 bis 1847 wohnt, ist die Fotografie in ihren Anfängen; eine weitere Erfindung, die die Welt kleiner, schneller, greifbarer macht. Die USA dehnen sich Jahr für Jahr weiter nach Westen aus, in den Geschäften liegen Tee aus China und Wollstoffe aus England, und in Concord, dem Städtchen, aus dem Thoreau kommt, gibt es Banken und Fabriken. Eine stellt Schuhe her, eine andere Bleirohre. Seit Neuestem gibt es auch eine Bahnstation, mehrmals täglich kommt ein Zug aus dem 20 Kilometer entfernten Boston. Kurz bevor er in Concord einfährt, führen die Gleise für ein paar Meter am westlichen Ufer des Walden Pond entlang, nicht weit von Thoreaus Hütte.

Schon während der zwei Jahre, die Henry David Thoreau am Walden Pond verbringt, ist seine knapp fünfzehn Quadratmeter große, mithilfe von Freunden selbst gebaute Hütte eine kleine Attraktion in der Gegend. Schnell hat sich herumgesprochen, dass der sowieso als etwas sonderbar geltende 28-jährige Sohn der angesehenen Familie Thoreau, die eine kleine Bleistiftmanufaktur betreibt, nun allein am See haust. Doch niemand macht sich während der zwei Jahre die Mühe, Stativ und Kamera dorthin zu schleppen und ihr Abbild auf eine Platte zu bannen. Noch ist das neue Medium dafür da, wirklich Denkwürdiges festzuhalten. Und noch ahnt niemand, dass das winzige Holzhaus eine Quelle der Sehnsucht werden wird, die auch 170 Jahre später nicht versiegt ist.

Es wird eine andere Art Urhütte werden, in ihr konzentriert sich nicht, wie bei den Urhütten der Aufklärung, die Menschwerdung, sondern ein Verlangen, das heute stärker ist denn je: einen Ort zu haben, an dem ein anderes Leben möglich ist, ein richtigeres, bewussteres, naturnäheres; ein Leben, das im Alltag abhandengekommen ist. Es ist nicht verloren, verspricht die Hütte. Sie hält es bereit.

Mit Henry David Thoreau hat diese Fantasie nicht begonnen, ein erstes Dokument eines solchen Neuanfangs ist aus dem 13. Jahrhundert erhalten. Kamo no Chōmei, japanischer Mönch und Dichter, hat mit den *Aufzeichnungen aus meiner Hütte* eine rührende Beschreibung des Versuchs hinterlassen, »gleich einer alternden Seidenraupe, die sich einen Kokon spinnt«, sein Leben zu verkleinern und zu vereinfachen. Fast erschrocken stellt er zum Ende fest, dass er an seiner Hütte in den Bergen hängt und seinen Plan, sich von Weltlichem zu lösen, wohl als gescheitert betrachten muss.

Das mittelalterliche Japan war eine andere Welt, Thoreau aber ist schon Teil der heutigen. Alles, was Komfort und Selbstverständlichkeiten des westlichen Lebens so zwiespältig macht, war zu seiner Zeit schon da und hat sich seither nur potenziert, was seine Texte irritierend aktuell wirken lassen kann. Lange bevor es den Begriff Anthropozän gibt, erkennt er, dass der Mensch die Erde nachhaltig verändert und auf verhängnisvolle Weise aufgehört hat, sich als Teil der Natur zu sehen. Er ist überzeugt, dass beim Wettlauf um Wachstum und Wohlstand die eigentlichen Bedürfnisse auf der Strecke bleiben. Er fragt, ob die entstehenden technischen Möglichkeiten nicht eher uns im Griff haben als wir sie – ob etwa die Faszination an neuer Kommunikationstechnik deren Nutzen nicht mitunter überwiegt, wenn die von Europa nach Amerika per Kabel übermittelte Nachricht am Ende darin besteht, dass eine Prinzessin Adelaide Keuchhusten hat. In *Walden, oder Leben in den Wäldern*, sieben Jahre nach dem Ende von Thoreaus Hüttenexperiment erschienen, wechseln sich solche fortschrittsskeptischen Gedanken mit Naturbeobachtungen und Beschreibungen des Hüttenlebens ab. All das, während sein Erzähler in jener Hütte sitzt, also aus der überlegenen Perspektive dessen schreibt, der alle Zwänge und Normen hinter sich gelassen hat, um diese gründlich zu hinterfragen.

Nur weil Thoreaus Schwester für das Titelblatt von *Walden* eine Zeichnung der Hütte angefertigt hat, wissen wir heute annähernd, wie sie aussah. Er selbst fand die Skizze nicht ganz präzise und merkte außerdem an, dass die Tannen daneben eigentlich Kiefern gewesen seien.

Thoreaus Hütte wird dennoch für immer die von der Zeichnung sein. Sie ist auf vielen Ausgaben von *Walden* zu sehen und sie ist die Vorlage für den

Nachbau, der etwas lieblos platziert neben der Schranke zum weitläufigen Parkplatz am Walden Pond steht. Kompakt, schmucklos und doch einladend, eine Tür an der schmalen Seite, ein weiß gerahmtes Fenster aus kleinen Holzkassetten an der langen Seite. Die Fassade aus schmalen, silbriggrauen Holzlatten, darüber ein von Kiefernnadeln bedecktes Dach, aus dem ein gemauerter Schornstein ragt. Innen eine Holzdecke und weißgekalkte Wände, vor dem Fenster steht eine Kopie des grüngestrichenen Sekretärs, den Thoreau sich hat anfertigen lassen, als er als Lehrer arbeitete. Gegenüber ein Nachbau des Bettes, das mehr eine Liege ist, leicht und mobil, so wie er es mochte. Auch der Stuhl ist da, an dessen Beinen Thoreau zwei Kufen befestigte, damit er schaukelt. Er hat diese Möbel viele Jahre lang benutzt. Die Originale bewahrt das Museum von Concord auf.

Die echte Hütte stand etwa 800 Meter entfernt, vom Parkplatz führt ein Waldweg zu der Stelle. Man könnte auch den Sandstreifen am Wasser entlanggehen, bei der kleinen Bucht, in der Thoreau jeden Morgen gebadet hat, nach rechts in den Wald biegen und wäre da. Doch Schilder untersagen das, die vielen Besucher haben die Uferzone flachgetreten, sie soll sich erholen. Auch das Wasser hat sich durch die zahlreichen Badegäste verändert, Thoreau liebte dessen Klarheit, sie hat der vielen Algen wegen gelitten. Die Verehrung für Thoreau und seinen See, den er ein »Auge des Himmels« nannte, tut Letzterem nicht gut.

Die Szenerie sei sehr schön, aber in keiner Weise prächtig, schrieb Thoreau, und man ist dann doch überrascht, wie recht er hat. Der Walden Pond ist ein leicht gezacktes Oval, umrahmt von hellem Sand, nach Thoreaus Messung mit einer Uferlinie von 2,7 Kilometern Länge. Lieblich, nicht aufsehenerregend.

Es ist ein bewölkter Oktobertag, manchmal schieben sich Sonnenstrahlen durch die Wolken, dann leuchtet das Ufer auf. Der See liegt da wie unter Glas, die glatte Wasseroberfläche verdoppelt den Himmel. Solche Tage hat Thoreau als typisch für den Herbst beschrieben.

Gleich hinter dem Ufer steigt der lichte Wald aus Kiefern und Eichen sanft an, Thoreau hat seinen Bauplatz so gewählt, dass er den See gerade noch sehen konnte. Neun Granitblöcke deuten den Umriss des Hauses an, dessen Maße er in *Walden* genau vermerkte: drei mal viereinhalb Meter. Es ist eine recht gravitätische Markierung für das leichte Holzhaus, an das sie erinnern soll und das nie für die Dauer gedacht war. Schon wenige Wochen, nachdem Thoreau zurück nach Concord gezogen war, war es verkauft, am Ende reparierte ein Farmer mit dessen Brettern seinen Schuppen.

1945 grub ein Hobbyarchäologe so lange den Boden auf der Lichtung um, bis er auf Reste des Kellers und die Fundamente des Kamins stieß. Seitdem weiß man exakt, wo das Häuschen war. Wo es ungefähr stand, war nie in Vergessenheit geraten. Im Jahr 1867, Thoreau war seit fünf Jahren tot, legte der Dichter Amos Bronson Alcott einen Stein auf den Waldboden, dort, wo er seinen Freund 20 Jahre zuvor in seiner Hütte oft besucht hatte. Andere Besucher taten es ihm nach, ein kleiner Steinhügel entstand. Er wächst bis heute, jeder Stein ein Glied in einer Kette des Erinnerns.

Nur gut zwei Jahre hat Henry David Thoreau am Walden Pond gewohnt, doch eigentlich hat er ihn nie wieder verlassen. Er ist dort zum Denkmal geworden, und seine Hütte gleich mit. Denkmale sind starr, unbeweglich, auch das ist ihm passiert. *Walden* ist seit seinem Erscheinen 1854 ohne Unterbrechung lieferbar, doch gelesen wird es vermutlich selten. Geblieben sind einzelne Sätze, in denen sich Thoreaus Ideen konzentrieren. Keines der vielen Fotobücher, die Bilder von Hütten vor beeindruckender Naturkulisse versammeln, kommt ohne Zitate aus *Walden* aus. »Vereinfache, vereinfache, vereinfache!«, oder: »Ich zog in den Wald, weil ich den Wunsch hatte, mit Überlegung zu leben, dem eigentlichen, wirklichen Leben näher zu treten.« Oder: »Sollen wir denn immer trachten, mehr von solchen Dingen zu verlangen statt einmal mit weniger zufrieden zu sein?« An das Gefühl, in ungesundem Überfluss zu leben, kann man in der westlichen Welt des frühen 21. Jahrhunderts gut anknüpfen. Thoreaus kritische Worte adeln die Lust auf einen Rückzugsort im Grünen.

Dieser Schriftsteller, der in einer Hütte das einfache Leben gesucht hat: Viel mehr ist von ihm nicht geblieben. Oder, in letzter Zeit häufiger: Dieser Schriftsteller, der in einer Hütte das einfache Leben gesucht hat, seine Wäsche aber seiner Mutter brachte. Gar kein echter Aussteiger also. Ein Hochstapler.

Es schadet nicht, ein erstarrtes Bild zu zerbrechen. Und Thoreau kann nerven. Der selbstgerechte Ton, in dem er in *Walden* zum Beispiel für oberflächlich erklärt, was nun mal Ausdrucksformen des Menschseins sind – Mode etwa oder wie man sein Zuhause einrichtet –, fordert zum Widerspruch geradezu heraus. Die Sache mit der Wäsche aber ist der falsche Ansatz. Thoreau war kein Aussteiger und er hat nicht in der Wildnis gelebt. Nur hat er beides auch nie behauptet. Hätte er sich der Natur wirklich aussetzen wollen, es hätte Möglichkeiten gegeben. Die erste Hälfte des 19. Jahrhunderts ist noch eine Zeit der Konfrontationen mit deren Kräften, nicht immer gingen sie gut aus. Während Thoreau seine Hütte zu Ende baut, laufen in England zwei Schiffe aus, mit dem Ziel, im Polarmeer die Nordwestpassage zu finden. Etwa zwei Jahre später – genau weiß man es nicht – sind die über 100 Expeditionsmitglieder tot, gestorben im Eis. Während Thoreau seinen zweiten Frühling am Walden Pond verbringt, brechen in Illinois neun Familien in Planwägen auf, um 2500 Kilometer entfernt, in Kalifornien, ein besseres Leben zu beginnen. In der Sierra Nevada werden sie im November von Schnee überrascht, stecken monatelang fest, 34 Mitglieder des Trecks sterben. Die anderen überleben nur, weil sie von deren Leichen essen.

Unberechenbare Herausforderungen sind nicht, was Thoreau will. Für seinen Zweck tut es das Grundstück in der Nähe seiner Heimatstadt, das sich sein Freund Ralph Waldo Emerson kurz zuvor gekauft hat. Emerson, als Schriftsteller erfolgreich und vermögend, fördert den 15 Jahre jüngeren Freund, der offenbar nicht genau weiß, was er mit seinem Leben anfangen soll, aber Talent zum Schreiben hat. Direkt neben Emersons Seegrundstück verläuft ein gut genutzter Wanderweg. Der Walden Pond ist nur zwei Kilometer von Concord entfernt, hin und zurück in je einer halben Stunde, das macht einen schönen Spaziergang. Am Ufer stehen Angler, gebadet wird auch.

Jeden Samstag besuchen seine Mutter und seine Schwestern Thoreau am See und jeden Sonntag spaziert er nach Concord und isst mit seiner Familie. Seine Wäsche hat er dann vermutlich auch dabei. Einmal hält Concords Antisklaverei-Gesellschaft, in der seine Mutter und Schwestern aktiv sind, bei ihm ihre Jahresversammlung ab. Eine Besucherin schreibt später begeistert von dem idyllischen Ort, den Sitzplätzen im Freien und den eisgekühlten Getränken, es klingt nach einer Party. Und auch sonst ist Thoreau nicht einsam. Spaziergänger kommen in seiner Hütte vorbei, interessieren sich dafür, was er hier macht. Vorher war er der kauzige Typ, der beim Gehen oft auf den Boden sah, um kein vorbeikrabbelndes Insekt zu verpassen. Jetzt begegnet man ihm mit Neugier, noch während er am See wohnt, hält er in Concord Vorträge über sein Leben als Hüttenbewohner. In *Walden* schreibt er, dass er nie so viel Gesellschaft hatte wie in seiner Zeit in der Hütte. Hätte er Abgeschiedenheit gesucht, wäre er wohl nicht ans Ufer des Sees gezogen, der Concords liebstes Ausflugsziel war und heute noch ist.

Er will dort am See etwas anderes finden. Sein Bruder John ist drei Jahre zuvor an einer Tetanusinfektion gestorben, er fehlt ihm. Ihr gemeinsames Projekt, die Schule, die sie gegründet hatten, gibt es nicht mehr. Er muss nochmal neu anfangen, und er wird es gründlich tun. Am dritten Tag am Walden Pond, dem 6. Juli 1845, schreibt er in sein Tagebuch:

> *Ich möchte mit den Tatsachen des Lebens in Berührung kommen – den vitalen Tatsachen, den Phänomenen oder Tatsachen, welche die Götter uns zeigen wollten – in unmittelbarem Gegenüber, und darum kam ich hier herab. Leben! Wer weiß, was es ist, was es wirkt?*

Um zum Grund der Dinge vorzustoßen, wirft Thoreau alles ab, was den Blick darauf verstellen könnte: Alltag, Konventionen, Besitz. Dort am See, hofft er, wartet nur noch das blanke Leben auf ihn, befreit von allem Dekor, mit dem die Menschen es zu behängen pflegen. Nur ein Mensch, der isst, schläft, wohnt, denkt – in der Natur, die unbeirrt ihrem Rhythmus folgt.

Am Walden Pond baut er sich nicht nur eine Hütte, er zimmert sich von Grund auf ein Leben. Jeder Bestandteil dieses Lebens wird hinterfragt. Erst einmal ist alles verdächtig, muss neu seine Berechtigung finden: »Das meiste von dem, was man unter dem Namen ›Luxus‹ zusammenfasst, und viele der sogenannten Bequemlichkeiten des Lebens sind nicht nur zu entbehren, sondern geradezu Hindernisse für den Aufstieg des Menschengeschlechts«, schreibt er.

Auch ein Haus kann eine solches Hindernis sein, ein weiterer Stein in dem Gefängnis, in das sich der Mensch freiwillig begibt. In *Walden* schreibt Thoreau – auch sehr aktuell – von der finanziellen Belastung, die ein Haus bedeutet; von Nachbarn in Concord, die nur arbeiten, um die auf ihrer Farm liegenden Schulden abzubezahlen, oder anderen, die ihre großen Häuser nicht loswerden, weil niemand sie kaufen möchte.

Was dann, gar kein Haus? Widerstrebend gibt Thoreau zu, dass es nun mal unabdingbar sei, eines zu haben, und schlägt die sarggroßen Kisten vor, die man manchmal am Rand von Gleisen findet und in denen Arbeiter ihre Werkzeuge aufheben. Mit ein paar Löchern im Deckel eine durchaus praktische, günstige und die innere Freiheit garantierende Unterkunft.

»Ich bin weit entfernt vom Scherzen«, fügt Thoreau noch hinzu.

Manchmal weiß man es bei ihm wirklich nicht genau und hofft eigentlich, dass er doch scherzt, wenn er mal wieder streng jedes Vergnügen an Ästhetik unterbindet. Aber meistens meint er es dann ziemlich ernst. Nicht ohne Grund hält sich das Image des humorfreien Asketen.

Thoreau macht es einem nicht immer leicht. Das war schon zu Lebzeiten so. »Ich liebe Henry, aber ich mag ihn nicht«, hat Elizabeth Hoar, eine Freundin, über ihn gesagt. Der Schriftsteller Nathaniel Hawthorne, ein anderer berühmter Einwohner Concords, fand, er sei »keine angenehme Person«, seine ganze Haltung und Lebensweise verströme Kritik an anderen Lebenskonzepten. Und Ralph Waldo Emerson analysierte nach Thoreaus Tod: »Es war leicht zu sehen, dass seiner unerbittlichen Forderung nach Wahrheit asketische Tendenzen zugrunde lagen, die ihn, diesen freiwilligen Einsiedler, noch einsamer machten, als ihm selbst lieb war.«

Auf der Daguerreotypie, die er 1856 anfertigen ließ, sehen seine hellen Augen, die auffällig gewesen sein müssen, ernst und direkt in die Kamera, man glaubt einen Anflug von Belustigung in seinem Blick zu erkennen. Thoreau wollte diese Portraitsitzung im Fotostudio nicht, seine Freunde haben ihn bei einem Ausflug in ein benachbartes Städtchen dazu überredet. Um Kinn und Wangen kräuselt sich ein frisch gewachsener, nicht besonders gepflegter Bart. Er soll wohl warmhalten, Thoreau hat gerade eine schwere Erkältung hinter sich. Er ist 39 Jahre alt, fünf Jahre später wird er an Tuberkulose sterben.

Die Rigorosität, die Thoreaus Schreiben durchzieht, muss er auch als Mensch ausgestrahlt haben. Komfort betäubt, Besitz macht blind, so sah er es. Zweifellos würde er sich dagegen verwahren, dass Versatzstücke seiner Gedanken im 21. Jahrhundert den Wunsch solventer Städter nach einem Zweitwohnsitz im Grünen beflügeln. Oder dass ein spektakuläres Bauprojekt in Kalifornien »Walden« genannt wird, weil das genau die Assoziationen liefert, die der Investor sich wünscht. Die Grundstücke auf einer Anhöhe bei Monterey sind mit fünf Millionen Dollar pro Parzelle veranschlagt, unbebaut.

Thoreau wäre das vermutlich ein weiterer Beweis für die Oberflächlichkeit der Menschen. »Da aber der Geist aus dem Bewohner entflohen ist, so ist die Herstellung der Wohnung gleichbedeutend mit der des Sarges, eine Architektur des Grabes, und der Ausdruck ›Zimmermann‹ nur ein anderes Wort für ›Sargfabrikant‹«, würde er sich vielleicht selbst zitieren.

In allem, was er über das Wohnen sagt, steckt der Gedanke, der Thoreau heute noch so attraktiv macht als Fürsprecher einer Sehnsucht nach der Hütte: Man ist das Haus, in dem man lebt. Mit einem anderen Haus wird eine andere Idee von sich selbst möglich. Das falsche Haus kann einen ersticken wie ein Mausoleum, im richtigen wird man vielleicht sogar noch der Mensch, der man sein wollte. Und welches das richtige ist, wenn man schon in keiner Kiste am Gleisbett schlafen kann, ist für Thoreau klar: das kleinste, einfachste, unaufgeregteste. Blockhäuser und die Häuser der Armen betrachtet er mit Wohlwollen, weil nicht der Wille zur Repräsentation sie gestaltet hat, sondern die Bedürfnisse ihrer Bewohner. Sie sind ehrlich, spiegeln nichts vor – wie die, die sie gebaut haben. Er selbst nennt seine Unterkunft am Walden Pond nie Hütte. Sondern einfach: mein Haus.

DER ADEL SCHÄTZT DIE HÜTTE ZUR GEFÜHLSERZEUGUNG UND BUCHT DEN EINSIEDLER GLEICH DAZU

Noch während Thoreau am Walden Pond lebt, hilft er beim Bau einer weiteren Hütte mit: Auch Emerson will eine haben. Darum hatte er ja eigentlich das Grundstück am See gekauft – um dort ein Häuschen zu besitzen, in dem er »Nächte und Tage« verbringen kann, »inmitten einer Schönheit, die mich nie verlässt«. Er ließ dann doch dem jüngeren Freund den Vortritt und kaufte noch ein weiteres Stück Land am See, über das er in einem Brief euphorisch schrieb, er habe »ein neues Spielzeug, das beste, das ich je hatte – ein Stück Wald«. Dort soll die Hütte jetzt hin. Am Ende wird sie doch in Emersons Garten errichtet. Es gibt eine Zeichnung, ein verspieltes Holzhaus mit steilem Dach, spitzem Giebel und eingeflochtenen Weidenästen. Es überrascht nicht, dass Thoreau es nicht mag, er fühlt sich in seiner Nähe »erdrückt«. Trotzdem packt er mit an, nicht ohne sich über seinen Freund Amos Bronson Alcott lustig zu machen, von dem der Entwurf stammt. Ihm rät er angesichts des komplizierten Designs, sich mal mit Geometrie zu beschäftigen, mit dem Verhältnis von geraden zu gebogenen Linien, da finde man Erhellendes bei Newton und Leibniz.

Die Bemerkung ist wohl nicht unberechtigt, das Bauwerk ist am Ende relativ unbrauchbar, jedenfalls als die Schreibhütte, die Emerson sich gewünscht hatte. Regen und Stechmücken finden ihren Weg hinein. Sie steht dennoch jahrelang in Emersons Garten.

Blättert man in einem der Bücher für ländliche Architektur, die zu der Zeit in Neuengland in Mode waren, wird klar, wovon Emersons Häuschen inspiriert war. Die Bücher sind voll von größeren und kleinen Häuschen, *cottages*, dekorativ im Grünen platziert. Einige sehen Emersons Hütte auffällig ähnlich, die Technik, die Wände aus Weidenästen zu flechten, wird als besonders rustikal empfohlen. Während im Westen der USA die Siedler noch damit beschäftigt waren, Land überhaupt nutzbar zu machen, konnte man sich an der Ostküste mit ihren ordentlichen, vom Neoklassizismus inspirierten Städtchen schon einen anderen Blick auf die Natur leisten. Das Zweithäuschen im Grünen kam in Mode. Jahr für Jahr fänden die Menschen größeren Gefallen am Landleben und den Schönheiten der Natur, schrieb der Verfasser eines solchen Musterbuches, und ein anderer bemerkte erfreut, dass in den Vororten von Boston rustikale Häuschen wie Pilze aus dem Boden schössen.

Vermutlich ist die Hütten-Zeichnung von Thoreaus Schwester nicht zufällig im Stil der Musterbücher gehalten, die der Inspiration dienen sollten.

Thoreau hat die beliebten Bücher wahrscheinlich gekannt und manchmal wirkt es, als ob er gegen den süßlichen Stil anschreibt, in dem dort »lächelnde Rasen und geschmackvolle Cottages« gepriesen werden.

Sein Verständnis von Natur ist ein anderes, für ihn ist sie nicht in erster Linie dazu da, den Menschen zu erfreuen. Dennoch sind da Parallelen. Andrew Jackson Downing, zu Thoreaus Lebzeiten eine amerikanische Institution in Sachen ländlicher Architektur, empfiehlt die Hinwendung zur Natur, zu den einfachen Freuden des ländlichen Lebens als Gegengewicht zu den ständigen Veränderungen und der Rastlosigkeit, der man ausgesetzt ist. Da ist er gar nicht so weit weg von Thoreau.

Thoreaus Hüttenbau wird vor diesem Hintergrund noch weniger exzentrisch. Was er tat, entsprach ganz dem Zeitgeist: Die Amerikaner begannen die Natur zu schätzen. Man hatte sie bezwungen, sich auf dem neuen Kontinent eingerichtet, als ob der nur darauf gewartet hätte. Nun entwickelte sich ein neuer, stolzer Blick auf das, was das Land an Bäumen, Seen, Canyons zu bieten hatte. Wenn der Mensch sich in die Natur wünscht, hat die Hütte ihren Auftritt. Sie ist nicht erst mit Thoreau zum Sehnsuchtsort geworden. In Europa war sie es sogar schon viel früher.

Die Autoren der in den 1840er- und 1850er-Jahren so beliebten Architektur- und Gartenbücher blickten neidvoll über den Atlantik. Europa, vor allem England, schien voll von großzügigen Gärten und Parks, so raffiniert angelegt, dass das Werk der Landschaftsarchitekten kaum von dem der Natur zu unterscheiden war. Vorbei war die Zeit der akkurat geschnittenen Buchsbäume, der geometrisch angelegten Beete, der wie Soldaten stramm stehenden Obstbaumreihen, der Gärten, die vor allem eine Botschaft hatten: Dies ist Natur im Dienste des Menschen, bezwungen, gefügig gemacht.

Im 18. Jahrhundert hatte sich ein grundsätzlicher Perspektivwechsel vollzogen. Bis dahin galt nur kultiviertes, fruchtbares Land als schön, alles andere war »ein deformiertes Chaos«. Natur wurde als roh, ungestaltet und bedrohlich angesehen, sie nach seinen Regeln zu formen oder ganz zu beseitigen war dem Menschen Bedürfnis und Bestätigung. Am Ende des Jahrhunderts aber wurden Wälder und Berge nicht nur als schön empfunden, sondern geradezu als heilsam, als Katalysator erhebender Gefühle und

Ort der Einkehr. Jean-Jacques Rousseau, eine der schillerndsten Figuren der Aufklärung, war nur ein Protagonist dieser Umdeutung, aber ein zentraler. In der idealen Gesellschaft, die der französische Philosoph als verloren und doch erstrebenswert ansah, lebten die Menschen nah an der Natur: schlichte, unverstellte Wesen, die Wettbewerb und Eigennutz nicht kannten. Das kam alles erst und ist Grund für die Selbstentfremdung des zivilisierten Menschen, analysiert Rousseau. Seine glücklichen frühen Menschen leben natürlich in Hütten, da scheint die Urhütte durch, die das 18. Jahrhundert so fasziniert hat. Während Zeitgenossen wie der Abbé Laugier noch sehr bemüht sind, sich von den so hausenden ›Wilden‹ zu distanzieren, konstruiert Rousseau die Hütte als Ideal, als positiven Gegenentwurf – der sie seither auch geblieben ist.

Ganz konkret beeinflusste Rousseau auch die Gartengestaltung. Der naturnahe Garten, den Julie anlegt, die Heldin seines Briefromans *Julie oder Die neue Héloïse*, 1761 erschienen, wird zum neuen Ideal. »Sie sehen nichts Ausgerichtetes, nichts Nivelliertes; niemals war eine Richtschnur an diesem Ort; die Natur pflanzt nichts nach der Richtschnur«, heißt es in dem Briefroman, der zum Buch der Stunde wurde, und wer in Frankreich, Deutschland oder England ein respektables Anwesen hatte, beeilte sich, es nach den Rousseau'schen Vorgaben zu gestalten.

Rousseau selbst bekam zu Lebzeiten in der Nähe von Paris einen ganzen Park gewidmet, von einem ihn verehrenden Adeligen, inklusive einer Hütte – ein Rückzugsort für den Philosophen, der zeitlebens die Selbstbesinnung in der Natur gefordert hatte. Sie steht noch, sieht auf Fotos allerdings aus, als könnte sie bald zusammenbrechen: ein winziger, rumpeliger Bau aus grob behauenen Steinen, mit reetgedecktem Dach. Erst mit 65 Jahren gab der gesundheitlich angegriffene Rousseau den Bitten seines Verehrers nach und reiste für einen längeren Aufenthalt an. Täglich machte er lange Spaziergänge durch das weitläufige Anwesen. Ganze Tage soll er in der für ihn bereitgestellten *cabane de philosophe* verbracht haben. Es waren seine letzten, sechs Wochen nach der Ankunft in Ermenonville starb Rousseau.

Die Landschaftsgärten, die zu der Zeit entstanden, waren mehr als gepflegte Natursimulationen. Sie waren Assoziationsräume, die die Besucher betreten konnten wie ein Bild. Bei so einem Parkspaziergang durchlief man gleichsam mehrere Gemälde, eine geschickte Abfolge von Durchblicken, Aussichten und optischen Ankern, wie künstlichen Ruinen, Wasserläufen – und Hütten. Der an der Landschaftsmalerei geschulte Blick der oberen sozialen Schichten machte die gleiche Seherfahrung nun in echt; ein sinnliches Vergnügen und eine wahre Gefühlserzeugungsmaschine. Denn darum ging es: sich den Assoziationen, die die Inszenierung hervorrief, ganz hinzugeben und die Empfindungen, die man sich so entlockte, zu zelebrieren. Man bewies Sensibilität für die Natur und für das einfache, sich auf die wesentlichen Fragen konzentrierende Leben. Für diesen Aspekt waren die Hütten zuständig. Die Assoziationen, in denen man schwelgte, speisten sich vor allem aus zwei Traditionen: der Hütte als Unterkunft des Einsiedlers einerseits und als Zitat eines einfacheren, exotischeren Daseins andererseits.

Die *Encyklopädie der bürgerlichen Baukunst*, Ende des 18. Jahrhunderts in fünf Bänden erschienen und verfasst von Christian Ludwig Stieglitz, im Hauptberuf Ratsherr in Leipzig, listet von Abacus (»die viereckige Platte oder der Deckel, welcher oben auf dem Capital einer jeden Säule liegt«) bis Zwischenweite (»die Entfernung, in der zwei Säulen voneinander stehen«) jedes denkbare architektonische Detail auf. Zu ›Hütte‹ schreibt Stieglitz:

> *Hütte heißt jedes kleine und schlechte Gebäude, das entweder zur Wohnung oder zu allerley Verrichtungen bestimmt ist. Rohe Völker, die noch auf der untersten Stufe der Cultur stehen, wohnen in Hütten, die auf sehr verschiedene Art gebaut sind und deren Beschreibung man in Reisebeschreibungen findet. In den Gärten werden dergleichen Hütten bisweilen in ländlichen und einsamen oder auch wilden Scenen angebracht. Sie bestehen aus Rohr, Stroh, Baumwurzeln, Brettern und dergleichen, und sie können mannichfaltige Formen erhalten.*

Die Hütten der »rohen Völker« also in den Gärten kultivierter Europäer. Eine aufregende Mischung, die die Fantasie ganz offensichtlich beflügelte. Zeitschriften wie das *Ideenmagazin für Liebhaber von Gärten, englischen Anlagen und Besitzern von Landgütern*, von 1796 bis 1802 erschienen, versammelten bereits gebaute Beispiele zur Inspiration. Sollte es die »Nordamerikanische Pflanzerhütte« sein, ein »Lustgebäudchen im chinesischen Stil« oder doch lieber die »Otaheitische Hütte«? Im Vorwort zur ersten Ausgabe sprach der Herausgeber unverhohlen aus, an welche Klientel sein Magazin sich wandte:

> *Da jetzt die wohlhabende und reiche Klasse der Staatsbürger unter gebildeten Nationen Vergnügen am Landleben, Feld- und Gartenbau findet, und sich wetteifernd bestrebt, ihre Grundstücke so viel als möglich zu verschönern und zu veredeln, so ist unser Wunsch, die edeln Absichten eines jeden solcher Unternehmer, so viel in unsern Kräften steht, zu erleichtern.*

Das *Ideenmagazin* hat auch manche »Einsiedelei« im Angebot. Der Herausgeber, ein Philosophieprofessor aus Leipzig, verweist, sollte man mehr über diesen Bautyp wissen wollen, auf ein anderes von ihm mitkonzipiertes Werk: das *Kurzgefasste Handwörterbuch über die schönen Künste.* Dort steht: »Einsiedeleien bauten ursprünglich diejenigen, die aus Überdruss der menschlichen Gesellschaft oder aus übertriebenem Religionseifer sich den Verbindungen der Welt entzogen und ihr Leben einsamen Andachtsübungen widmeten.« Im eigenen Garten ist die Einsiedelei aus dieser Tradition heraus dafür geeignet, Ruhe zu finden und sich »einsamen Betrachtungen« zu widmen.

Das funktioniert natürlich nur, wenn die nachgebaute Einsiedelei die Assoziationskette so richtig in Gang bringt, sprich den »Schein einer großen Dürftigkeit und des Mangels guter Materialien« erweckt. Dies gelingt, so kann man es zusammenfassen, indem man alles außer Acht lässt, was solides Bauen ausmacht: Man nimmt krummes Holz statt gerade gewachsenem, unregelmäßige statt quadratischer Steine, setzt schiefe Fenster und blinde Glasscheiben ein. Für die bestmögliche Stimmungserzeugung muss das Häuschen nun nur noch in »einer düsteren, melancholischen, durch Gebüsch oder einen Felsen verschlossenen Scene« platziert werden.

Da viele dieser Hütten aus Holz waren, waren sie vergänglich wie die Zeitstimmung, die sie entstehen ließ. In den dunklen Ecken der Parkanlagen, in die sie gesetzt wurden, sind die meisten zerfallen, verrottet und vergessen worden. Auf alten Zeichnungen sieht man sie noch, urige, knotige Gebilde, die einer Fantasiewelt zu entstammen schienen.

Eine zeigt die Einsiedelei von Painshill, einem Landschaftsgarten in Surrey, dessen Eleganz im 18. Jahrhundert als unerreicht galt. Dicke, in alle Richtungen ragende Baumstümpfe, daraufgesetzt der kleine Raum mit Strohdach und einem Fenster zu jeder Seite, durch eines schaut ein bärtiger Mann mit Kutte nach draußen.

Das muss der Eremiten-Darsteller sein, den Edith Sitwell in ihrem Buch *Englische Exzentriker* erwähnt. Sitwell, legendäres Mitglied des britischen Adels, das die Eigenheiten der Upperclass genussvoll bloßstellte, beschreibt das Zeitungsinserat, mit dem der Hausherr von Painshill einen Bewohner für seine Einsiedelei gesucht haben soll: Er bekommt Essen und Getränke und muss im Gegenzug ein langes Gewand tragen, darf sich unter keinen Umständen Haare, Bart oder Nägel schneiden, das Grundstück nicht verlassen und kein Wort mit den anderen Angestellten wechseln.

Nicht nur Painshill hatte einen ›Schmuckeremiten‹. Die gab es in ganz England, vereinzelt kam die Mode sogar in Deutschland an. »Nichts, meinten sie, könne das Auge derart entzücken, wie der Anblick eines älteren Mannes, der mit einem langen grauen Bart, in einem zottigen härenen Gewand, durch die Unbequemlichkeiten und Annehmlichkeiten der Natur taperte«, notierte Sitwell.

Der Eremiten-Schauspieler vervollständigte die Kulisse, in die sich die durch den Park flanierenden Adligen vertiefen konnten wie in ein Theaterstück. Während er seinen überschaubaren Regieanweisungen folgte – am Schreibtisch ein paar Worte mit dem Federkiel kritzelte, die Sanduhr umdrehte, scheinbar sinnierend zwischen den Bäumen im Wald auftauchte –, konnten sie sich vorstellen, einen Einblick in ein Leben zu bekommen, das so ganz anders war als das eigene. Dieser zerzauste Hüttenbewohner im Wald war offensichtlich so mit grundlegenden Fragen beschäftigt, dass alles andere – Besitz, Gesellschaft, Körperpflege – unwichtig wurde.

Der erwünschte Effekt auf die Zuschauer war eine ins Rührselige tendierende Nachdenklichkeit, vielleicht ließ man sogar den Gedanken zu, dass man angesichts der eigenen Vergänglichkeit ein zu achtloses Dasein führte. Um dann aber schnell wieder dorthin zurückzukehren. Nicht jeder war dafür empfänglich. Horace Walpole, Autor und Sohn des ersten britischen Premierministers, schrieb nach seinem Besuch in Painshill, er fände es amüsant, dass man ein Stück seines Gartens reserviere, um dort melancholisch zu sein.

SIND WIR ALLE SCHMUCKEREMITEN? EINMAL MEHR ERZÄHLT DIE HÜTTE VON DER FREIHEIT, SICH ZU BESCHRÄNKEN

Eine Natursehnsucht, die man pflegt, wenn die Zeit es zulässt; das Gefühl, dass man sich öfter mit dem beschäftigen müsste, was wirklich wichtig ist; ein kleines Haus im Wald, in dem das möglich zu werden scheint – das alles klingt überhaupt nicht weit weg.

Der bekannteste Hüttenbauer zu Beginn des 21. Jahrhunderts ist ein junger Internet-Millionär, der sich in einer unbewohnten Gegend im Staat New York ein Stück Wald gekauft und dort mit Freunden Hütten gezimmert hat. Ohne Strom und WLAN führen sie hier ein paar Wochen im Jahr das zupackende, naturnahe und analoge Leben, das ihnen, so beschreibt es Zach Klein, der Firmengründer und Waldbesitzer, als das eigentliche erscheint. Auf Fotos sieht man junge Menschen durch einen Wildbach waten, Feuer machen, Bretter schleppen, Nägel einschlagen. Es ist die alte heldenhafte Erzählung von den Abenteurern, die sich mit ihrer Hände Arbeit ein Stück Land erobern – unter umgekehrten Vorzeichen. Diesmal geht es nicht darum, sich die Natur vom Leib zu halten, sondern ihr möglichst nah zu kommen. Nicht darum, sich auf kleinstem Raum ein erstes Zuhause zu schaffen, das man bald durch ein größeres zu ersetzen hofft, sondern die Stadtwohnung, die man besitzt, freiwillig gegen die Enge eines kleinen Holzhauses zu tauschen. Einfachheit wird zum neuen Luxus – aber nur vor dem Hintergrund des urbanen, digitalisierten, erfolgreichen Lebens, das man eigentlich hat. Das karge Hüttendasein bleibt ein Lebensentwurf, mit dem man kokettiert.

Alle, die kein Wochenendgrundstück in Upstate New York haben, können sich im Internet Bilder von Hütten auf der ganzen Welt ansehen, auf der von Zach Klein initiierten Seite *cabinporn.com.* Jeder kann dort Fotos beisteuern, über 12 000 sind es bislang. Knorrige Hütten an kanadischen Seen, rostige Wellblech-Häuschen in Tansania, kantige Designhäuser auf Klippen in Norwegen. Erst im Zusammenspiel von Haus und menschenleerer Natur entfaltet sich die Wirkung als Sehnsuchtsort. Die Hütten-Musterbücher des 18. Jahrhunderts finden sich jetzt im Internet, wie damals bleiben sie für den Betrachter zumeist eine Fantasie. ›Porn‹ eben. Doch schon sich hineinzuträumen in so ein Leben in der Hütte, lässt die Umrisse des eigenen klarer hervortreten.

Das ist wahrscheinlich auch der Grund, warum Architekten sich derzeit der Hütte zuwenden. Sie heißt dann nicht immer so, sondern manchmal auch Minimalhaus oder *Tiny House.*

Die Besinnung auf den Urtyp des Wohnens wird zur Reflexion über das eigene Tun und die eigentliche Funktion des Dachs über dem Kopf. In einer Welt, in der die Städte voller werden und das Wohnen immer teurer, wird die Frage, wie viel Platz jeder haben und wie der beschaffen sein sollte, elementar. In den Sechzigerjahren hatte in Deutschland eine Person im Durchschnitt 22 Quadratmeter zur Verfügung, heute sind es 45. Für eine vierköpfige Familie gelten 90 Quadratmeter als angemessen. Eine Fläche von weniger als 24 Quadratmetern darf in New York nicht als Wohnung angeboten werden. Die größten Wohnungen dort haben um die 1000 Quadratmeter. Wohnen ist nach wie vor zugleich existenzielle Notwendigkeit, aber auch Mittel der Distinktion.

Die neuen Hütten der Architekten lassen sich auf Dächer stellen und in Baulücken, sie sind manchmal mobil und meist noch nicht mehr als Ideen. Sie bleiben buchstäblich Gedankengebäude, wie Renzo Pianos ›Diogene‹, benannt nach dem griechischen Philosophen Diogenes, der in einem Fass gelebt hat. Innen ein Schlafsofa, ein Holztisch, eine Komposttoilette und Wände aus Zedernholzplatten, außen eine dünne Aluminiumschicht. Renzo Piano, der sonst Museen, Flughafenterminals oder Hochhäuser baut, stellt sich vor, dass sein 7,5 Quadratmeter kleines, mit Photovoltaikanlage und

Regenwassersammelanlage autarkes Haus in Notfällen als Unterkunft dienen kann. Bislang gibt es nur ein Exemplar, es steht in Weil am Rhein auf dem Gelände des Vitra Campus.

Design liebt das Gedankenspiel. Was es wirklich heißt, auf sehr wenig Platz zu leben, wird anderswo erprobt. Im bayerischen Fichtelgebirge zum Beispiel, in der Nähe eines Dorfes namens Mehlmeisel, in dem der Linienbus nur kommt, wenn man vorher anruft. An einem Hang am Waldrand stehen kleine Gebäude in weitem Kreis auf einer Wiese, man könnte sie auf den ersten Blick für edle Holzschuppen halten, wären da nicht die Schornsteine, die jeweils seitlich aus der Wand ragen.

Die Stadtwohnung, in der sie und ihr Freund zuvor gelebt haben, sei 45 Quadratmeter groß gewesen, sagt Steffi, eine junge Frau mit entschlossenem Blick. Klingt in Ordnung für ein Paar Anfang 20. Ein bisschen eng wird es manchmal vielleicht. Steffi war die Wohnung aber nicht zu klein. Sie war ihr zu groß. Ganz leer sei sie gewesen, viel zu viel Platz. Ihr Freund und sie besaßen nicht viel und wollten das auch nicht. Eigentlich wollten sie in eine Ein-Zimmer-Wohnung ziehen, aber die hatten sie nicht bekommen. Der Vermieter fand, auf so wenig Platz könne man nicht zu zweit wohnen.

Nun tun Steffi und ihr Freund Philipp genau das. Siebzehn Quadratmeter hatte ihr erstes Haus hier auf der Wiese, ihr zweites ist genauso klein, sie haben es selbst gebaut. Es ist gerade fertig geworden, ihre Sachen liegen noch in Kisten. Diesmal wussten sie genau, was sie wollen: eine Empore mit Sofa und großem Fenster, die Matratze zum Schlafen darunter. Das Bad klein, mit Tageslicht. Viel Platz für die Küche, sie kochen gern. Die Mischung aus Effizienz und Wohnlichkeit erinnert an ein Wohnmobil.

Steffi sagt, sie mag, dass der wenige Platz sie zwingt, darüber nachzudenken, was wirklich wichtig ist. Wohnen bedeutet für sie nicht: ansammeln, sich mit immer mehr Dingen umgeben, die man zu brauchen glaubt, ohne genau sagen zu können, warum. Sondern: wissen, was man wirklich braucht, und auf den Rest verzichten. Acht Hosen, zehn Pullover. Vier Teller, eine Pfanne. Sie kauft nicht dazu, sie tauscht aus. Ersetzt wird, was kaputt ist. Auf die Frage, was sie besitzt, an dem sie wirklich hängt, muss sie überlegen. Dann sagt sie: Fotoalben.

Dass sie und ihr Freund ihre Idee vom Wohnen auf kleinem Raum gerade im Fichtelgebirge verwirklicht haben, hat auch damit zu tun, dass dort die Bewohner weniger werden. Zu wenig Arbeit, zu wenig Touristen. Früher kamen die West-Berliner über die Transitstrecke direkt an, doch jetzt fahren sie weiter in die Alpen, wo die Berge dreimal so hoch sind. Der Bürgermeister von Mehlmeisel nahm sich Zeit für die zwei jungen Leute, die ihn vor eineinhalb Jahren fragten, ob es in seiner Gemeinde Grundstücke zu verkaufen gebe. Die Jungen ziehen normalerweise weg von hier, nicht her. Er mochte auch ihre Idee: einen Ort zu schaffen für Menschen, die beschlossen haben, mit wenig auszukommen, auf sehr kleinem Raum. Die keine Lust haben, immer mehr Dinge um sich anzuhäufen und sich irgendwann zu fragen, warum sie trotzdem nicht glücklich sind. Keine Lust, sich den Regeln eines verrückt gewordenen Wohnungsmarkts zu unterwerfen und dafür zu arbeiten, dass sie sich eine viel zu teure Wohnung leisten können. Als Letztes zeigte der Bürgermeister ihnen den stillgelegten Campingplatz oben am Wald. Der war viel größer und teurer als das, was sie sich vorgestellt hatten. Aber er war perfekt. Es dauerte, aber schließlich fanden sie eine Bank, die ihnen den Kredit gab.

Im Frühling waren sie noch allein hier, nun, im Herbst, stehen schon neun winzige Häuser in weitem Kreis auf der Wiese. Das Projekt hat sich schnell herumgesprochen. Die 14 Bewohner haben vorher alle in Städten gewohnt. Eine Konditorin ist darunter, eine Sozialarbeiterin, ein Hundetrainer, zwei Computerexperten, ein Schriftsteller. Um die dreißig Häuser sollen es am Ende sein, es kommen viele Bewerbungen. ›Tiny House Village‹ steht auf einem Schild.

Steffi und Philip sagen, sie wussten schon lange, dass sie anders, bescheidener leben wollen als die meisten, sie wussten nur nicht genau, wie. Bis sie für ein Jahr nach Kanada gingen. Im Fernsehen entdeckten sie eine Sendung, in der Menschen von normalgroßen in winzige Häuser zogen. Manche dieser Häuser hatten Räder, manche nicht, aber alle waren klein genug, um mit einem Anhänger von einem Ort zum anderen gefahren zu werden. Steffi und Philip verpassten keine Folge von *Tiny House Hunters*. So wollten sie auch leben.

Mit einem Van fuhren sie wochenlang durch die USA, nur auf der Suche nach solchen *Tiny Houses*. Bald wurde ihnen klar, dass das, was sie so faszinierte, in Amerika schon eine kleine Bewegung ist. In dem Land, in dem es seit jeher zum Ausweis eines erfolgreichen Lebens gehört, ein möglichst großes Haus auf möglichst viel Grund zu besitzen, stellen nicht wenige Menschen fest, dass dies weniger Glück als Zwang, Schulden und einen großen Energieverbrauch bedeutet.

Zweihundertfünfzig Jahre, nachdem die ersten Blockhäuser in den amerikanischen Wäldern davon kündeten, dass hier unter Mühen ein neues Land entstand, erzählt die Hütte nicht von der Notwendigkeit, sondern der Freiheit, sich zu beschränken. Das schlichteste, unauffälligste aller Häuser ist zugleich das beredteste: Es hält dem Leben einen Spiegel vor. Hütten sind klein. Aber gerade darum unübersehbar.

32

32 Schmuckeremiten, im 18. Jahrhundert der letzte Schrei in England, gab es vereinzelt auch in Deutschland. Dieser lebte auf einem Landgut bei Hamburg.

33 Architekten entdecken die Hütte, die zwingt, das Wohnen grundsätzlich zu denken. ›Diogene‹ von Renzo Piano, 2013.

34 Die Hütte lässt sich gut verklären – zu einem Ort der Behaglichkeit, des einfachen, ehrlichen Lebens. Caspar David Friedrich, *Nebelschwaden*, 1820.

33

34

ANGEKOMMEN

Im November, unsere Hütte war seit zwei Monaten fertig, kam Bauer Petermann zu Besuch. Er hatte uns während der Bauarbeiten erlaubt, in einer Ecke seiner Scheune ein paar Dinge zu lagern, jetzt wollten wir ihm zeigen, was wir gebaut hatten. Er trat vorne bei der Terrasse in das Haus und war mit vier langen Schritten schon beim Fenster am anderen Ende. Über die Spüle hinweg sah er auf das Feld, das sein Feld war und auf dem Roggen in zarten Halmen spross, er sah auf den weiten fahlweißen Himmel darüber und sagte, dass es schön sein müsse, jetzt, wo der Winter kam, so einen Rückzugsort auf dem Land zu haben. Ich nickte eifrig, froh, dass er verstand, was uns von der Stadt hierher zog.

Dann sprach Herr Petermann davon, was die Gegend wirklich bräuchte: Menschen, die sich hier niederließen, ganzjährig. Die hier einkauften, ihre Kinder zur Schule schickten, in die Freiwillige Feuerwehr eintraten. Die Dörfer wieder zu Dörfern machten.

Ich nickte wieder, diesmal etwas betreten, dabei war es gar nicht konkret um uns gegangen. Herr Petermann hatte nur, wie es seine Art ist, die Dinge direkt angesprochen.

Trotzdem fühlte ich mich ertappt. Wir hatten einen Traum bezogen, während dies ein tatsächlicher Flecken Land war. Ein Stück Brandenburg, in dem die Jungen weggingen und die Alten blieben, in dem es viele Felder gab, aber trotzdem kaum Bauern, weil die Äcker von Investoren weggekauft wurden, die ihre GPS-gesteuerten Traktoren darüberschickten und mit der Gegend sonst nichts zu tun hatten.

Herr Petermann und ich standen vor dem Fenster mit Blick zum Feld und während wir das Gleiche sahen, sahen wir doch etwas anderes. Ich sah eine schon winterkarge Landschaft, zu der nun auch unser kleines Haus gehörte. Dass es da jetzt einfach stand, als ob es schon immer da gewesen wäre, verblüffte mich immer noch, ebenso wie es mich beglückte. Ich freute mich auf den Winter – dann würde die von innen erleuchtete Hütte noch einladender aussehen, wenn man in der Dämmerung vom Feld her kam – und darüber, dass Herr Petermann in diesem Herbst Roggen gesät hatte. Im nächsten Jahr würde vor unserem Haus ein Meer aus goldgelben Ähren wachsen, ein perfekter Sommerblick.

Herr Petermann sah seinen Acker, die Erde, die Jahr um Jahr hervorbrachte, was er ihr auftrug. Er sah Arbeit, Mühe und den Lohn einer Entscheidung, die nun sieben Jahre her war. Bis dahin hatte er seine Felder bestellt wie die meisten hier: mittels Kunstdünger und Pflanzenschutzmittel. Als er eines Tages auf dem Feld vor einem tiefen Graben stand, weil die ausgelaugte Erde vom Regen einfach weggespült worden war, beschloss er, von Grund auf etwas zu ändern. Bei seiner Landwirtschaft sollte es nicht mehr darum gehen, der Natur den größtmöglichen Ertrag abzuringen. Er wollte mit ihr arbeiten, nicht länger gegen sie.

Herr Petermann ist jetzt Öko-Bauer. Der Mist seiner Kühe düngt die Felder, an deren Rändern Blumen blühen und Insekten fliegen. Die Rinder dürfen ihre Hörner behalten und jeden Tag auf die Weide. Wenn wir zur Hütte fahren, halten wir zuvor an seinem Hofladen und füllen die Milch seiner glücklichen Kühe in große Glasflaschen.

Es ist Zufall, dass unser Haus am Rand von Herrn Petermanns Feld liegt, dem einzigen Öko-Bauern der Umgebung. Ein Zufall, der die Wirklichkeit in Schach hält und meiner Fantasie vom Landleben Platz gibt bis zum Horizont, denn so weit reicht von unserem Fenster aus gesehen das Feld.

Die Wirklichkeit beginnt auf der anderen Seite des Sees. Die Felder dort, erzählte mir Herr Petermann, gehören einem Konzern aus Niedersachsen. Er investiert in Immobilien und Altenpflegedienste. Auch auf diesen Feldern wird im nächsten Sommer Getreide wachsen, die Halme sind nun, im November, schon zu sehen. Sonst wird da aber nichts sein, kein Käfer, kein Regenwurm, keine Biene. Die Pflanzenschutzmittel beseitigen nicht nur das Unkraut. Übrig bleibt eine Idylle, die keine ist. Tote Fläche, bis auf das eine erwünschte Produkt.

Die Hütte in der Natur bleibt eine Fantasie, auch wenn sie Wirklichkeit geworden ist. Das wurde mir nicht erst bei Herrn Petermanns Besuch klar.

Um unser Leben am Wochenende kleiner machen zu können, haben wir es vergrößert. An zwei Orten läuft jetzt eine Heizung, eine Toilettenspülung, eine Dusche, ein Kühlschrank. Zwischen beiden Orten fährt das Auto hin und her. An einem ist der Alltag, an dem anderen erholen wir uns von ihm. Wir haben eine Hütte gebaut und ihre Chiffren des Einfachen dabei angewandt auf ein ziemlich komplexes, ein eigennütziges Projekt – um einer Natur näher zu kommen, die keine mehr ist.

Das ist die Wahrheit. Aber nicht die ganze.

Nach jedem Wochenende in der Hütte weiß ich, dass die Zeit dort mehr ist als ein Rückzug. Ich lasse nichts hinter mir, etwas verschiebt sich bloß. Und bleibt es auch, wenn ich zurück in Berlin bin.

Dinge sind plötzlich da, die in der Stadt weg sind. Die Sterne zum Beispiel, die sie einfach wegleuchtet. Ich dachte immer, man muss weit wegfahren oder hoch auf einen Berg, um einen schwindlig machenden Sternenhimmel zu sehen, einen, der das Wissen, selbst auch nur auf einem Punkt im Weltall zu sitzen, mit plötzlicher Wucht im Kopf ankommen lässt. Dabei war dieser Himmel die ganze Zeit da, nur 50 Kilometer entfernt.

Auch das Draußen rückt in der Hütte ganz nah ran. In der Stadt ist es die Straße, der Weg von einem Gebäude zum anderen, hier ist es der weite Himmel über dem Feld und der See und der Wald, und es beginnt gleich hinter dem Fenster. Dass das Draußen so dicht herankommt, macht den Raum drinnen umso geborgener. Die Fenster lassen es ebenso sehr hinein, wie sie es auf Abstand halten. Das Licht geht durch das Haus hindurch, man fühlt die Tageszeit, auch ohne Uhr. Über dem Feld geht die Sonne auf. Hinter dem See geht sie unter und funkelt dabei so rot durch die Bäume, dass es manchmal aussieht, als ob sie brennen.

Sie sind gar nicht außergewöhnlich, der See nicht, und auch nicht der Wald, an dem er endet. Es gibt viele solcher Seen, Brandenburg ist voll davon. Aber er hat alles, was einen See ausmacht. Was es so gut macht, einfach aufs Wasser zu schauen. Etwas wird ruhig, da ist ein Gefühl von Aufgehobensein. Genau wie im Wald.

Es gibt Vermutungen, dass die Natur das mit jedem macht, dass der Mensch sie braucht, weil er viel länger mit ihr gelebt hat als ohne sie. Und dass es um die Welt besser stünde, wenn wir diese Verbindung nicht so nachhaltig hätten abreißen lassen.

Henry David Thoreau, der in erstaunlich vielem recht hatte, hat auch das gewusst. Für ihn steckten in jedem See alle Seen und in jedem Wald alle Wälder. Und jeder See, jeder Wald kann diese Verbindung zur Natur erneuern.

Darum musste Thoreau seine Hütte auch nicht in der Wildnis bauen. Ihm genügte der See neben seinem Heimatort.

Was er dort gefunden hat, wartet überall. Auch in einer Hütte in Brandenburg.

35

35, 36 Ein See, ein Wald, eine Wochenend-siedlung: unsere Hütte in Brandenburg.

36

LITERATURVERZEICHNIS

URHÜTTE

Peter Adam: *Eileen Grey. Leben und Werk,* München 2009.

Anita Aigner (Hg.): *Vernakulare Moderne. Grenzüberschreitungen in der Architektur umd 1900,* Bielefeld 2010.

Gaston Bachelard: *Poetik des Raums,* Frankfurt am Main 1987.

William Chambers: *Treatise on civil architecture,* London 1759.

Bruno Chiambretto: *Le Corbusier à Cap-Martin,* Paris 1987.

Le Corbusier: *Ausblick auf eine Architektur,* Frankfurt am Main 1963.

Daniel Defoe: *The Life and Strange surprizing Adventures of Robinson Crusoe, of York, Mariner,* London 2012.

Antonio Averlino detto Il Filarete: *Trattato di Architettura,* Mailand 1972.

Günther Fischer: *Vitruv neu oder Was ist Architektur,* Basel / Berlin 2009.

Joachim Gaus: »Die Urhütte. Über ein Modell in der Baukunst und ein Motiv in der bildenden Kunst«, in: *Wallraf-Richartz-Jahrbuch,* Band 33, Köln 1971, S. 7–70.

Johann Wolfgang von Goethe: »Von deutscher Baukunst«, in: *Goethes Werke,* Band 12, S. 7–15, Hamburg 1960.

Stephen Greenblatt: *Die Geschichte von Adam und Eva,* München 2018.

Wolfgang Herrmann: *Laugier and Eighteenth Century French Theory,* London 1962.

Heinrich Klotz: *Von der Urhütte zum Wolkenkratzer: Geschichte der gebauten Umwelt,* München 1991.

Marc Antoine Laugier: *Das Manifest des Klassizismus,* Zürich 1989.

Niklas Maak: *Der Architekt am Strand,* München 2010.

Claude Prelorenzo: *Eileen Gray – L'Etoile de Mer – Le Corbusier. Three Mediterranean Adventures,* Paris 2013.

Joseph Rykwert: *Adams Haus im Paradies,* Berlin 1972.

Anthony Vidler: *The Writing of the Walls,* Princeton 1987.

Vitruv: *Zehn Bücher über Architektur,* Darmstadt 1991.

OBDACH

Harriet Beecher Stowe: *Uncle Tom's Cabin,* San Diego 2013.

Andrew Belonsky: *The Log Cabin. An illustrated History,* New York 2018.

Basil Hall: *Travels in North America in the Years 1827 and 1828,* Edinburgh / London 1830.

Roy Hays: »Is the Lincoln Birthplace Cabin Authentic?«, in: *The Abraham Lincoln Quarterly,* Vol. V, September 1948, S. 127–63.

Frank Hurley: *Diaries,* digitalisiert und online verfügbar unter https://www.sl.nsw.gov.au/frank-hurleys-diaries, letzter Zugriff 11. 1. 2019.

Edward Johnson: *Johnson's Wonder-working Providence, 1628–1651,* New York 1910.

Geert Mak: *In Europa. Eine Reise durch das 20. Jahrhundert,* München 2005.

David E. Nye: *America as Second Creation. Technology and Narratives of New Beginnings,* Cambridge 2003.

Ernest Shackleton: *South. The Endurance Expedition,* New York 2002.

Harold R. Shurtleff: *The Log Cabin Myth,* Gloucester / Mass. 1967.

Alexis de Tocqueville: *Fünfzehn Tage in der Wildnis,* Zürich 2013.

Booker T. Washington: *Up from Slavery,* Cambridge 2015.

C. A. Weslager: *The Log Cabin in America,* Rahway / N. J. 1969.

ABSEITS

Aristoteles: *Nikomachische Ethik,* Stuttgart 2017.

Fortunato Bartolomeo De Felice: *Encyclopédie, ou dictionnaire universel raisonné des connoissances humaines,* Band 38, Yverdon 1774.

Isabel Colegate: *A Pelican in the Wilderness. Hermits, Solitaires and Recluses,* London 2003.

Alston Chase: *A Mind for Murder. The Education of the Unabomber and the Origins of Modern Terrorism,* New York 2003.

Douwe Draaisma: *Halbe Wahrheiten. Vom seltsamen Eigenleben unserer Erinnerung,* Berlin 2016.

James R. Fitzgerald: *A Journey to the Center of the Mind,* Book 3, Pennsylvania 2017.

Martin Heidegger: »Schöpferische Landschaft: Warum bleiben wir in der Provinz?«, in: *Gesamtausgabe,* Band 13, Frankfurt am Main 1983, S. 9–13.

Ted Kaczynski: *Industrial Society and its Future,* online verfügbar unter http://editions-hache.com/essais/pdf/kaczynski2.pdf, letzter Zugriff 11. 1. 2019.

Philip Koch: *Solitude. A philosophical Encounter,* Peru / Illinois 1994.

D. H. Lawrence, *Lady Chatterley's Lover,* San Diego 2013.

Adam Sharr: *Heidegger's Hut,* Cambridge / Mass. 2006.

Johanna Spyri: *Heidis Lehr- und Wanderjahre,* Frankfurt am Main 2009.

SEHNSUCHT

Gordon Campbell: *The Hermit in the Garden: From Imperial Rome to Ornamental Gnome*, Oxford 2013.

Kamo No Chomei: *Aufzeichnungen aus meiner Hütte*, Berlin 2011.

Philip van Doren Stern: *The Annotated Walden*, New York 1970.

Andrew Jackson Downing: *Cottage residences, or, A series of designs for rural cottages and cottage villas, and their gardens and grounds: adapted to North America*, New York 1842.

Johann Gottfried Grohmann (Hg.): *Ideenmagazin für Liebhaber von Gärten, englischen Anlagen und für Besitzer von Landgütern*, Heft 1–18, Leipzig 1796/97.

William Barksdale Maynard: »Thoreau's House at Walden«, in: Barbara Miller Lane (Hg.), *Houses and dwelling: Perspectives on modern domestic architecture*, S. 199–211.

Jean-Jacques Rousseau: *Julie oder Die neue Héloïse*, München 1996.

Edith Sitwell: *Englische Exzentriker*, Berlin 2013.

Christian Ludwig Stieglitz: *Encyklopädie der bürgerlichen Baukunst*, Leipzig 1792.

Henry David Thoreau: *Walden oder Leben in den Wäldern*, Zürich 1971.

Henry David Thoreau: *Tagebuch II*, Berlin 2017.

Laura Dassow Walls: *Henry David Thoreau. A Life*, Chicago 2017.

PETRA AHNE, 1971 in München geboren, studierte Komparatistik, Kunstgeschichte und Publizistik in Berlin und London. Sie ist Redakteurin der Berliner Zeitung und veröffentlichte zuletzt in der Reihe Naturkunden *Wölfe. Ein Portrait.*

NATURKUNDEN № 53
Erste Auflage Berlin 2019

NATURKUNDEN
herausgegeben von Judith Schalansky
erscheinen bei Matthes & Seitz Berlin
ermöglicht durch Jan Szlovak, Hamburg

Göhrener Straße 7, 10437 Berlin, *info@matthes-seitz-berlin.de*

EINBAND, TYPOGRAFIE, ILLUSTRATION Pauline Altmann, Berlin
durchgesehen von Judith Schalansky
SCHRIFT Miller von Matthew Carter / Font Bureau, Alena von Roland Stieger / abc litera und Renos Rough von Deepak Dogra / Graphite
HERSTELLUNG Hermann Zanier, Berlin
PAPIER 100 g/qm Schleipen Fly 05 spezialweiß, 1,2-faches Volumen
DRUCK, BINDUNG Pustet, Regensburg

ISBN 978-3-95757-710-8

www.naturkunden.de
www.matthes-seitz-berlin.de

ABBILDUNGSVERZEICHNIS

Frontispiz Richard Barnes, *Unabomber Exhibit A-D*, 1999. © Richard Barnes. **01, 02** Antonio Averlino detto Il Filarete, *Trattato di Architettura*, 1460–1464. **03** Eugène Viollet-le-Duc, *Histoire de l'habitation humaine*, 1875. **04** William Chambers, *Treatise on civil architecture*, 1759. **05** Charles Eisen, *Frontispiz für Marc Antoine Laugiers »Essai sur l'architecture«*, 1755. **06** Paolo Caliari gen. Veronese, *Adam und Eva nach der Vertreibung aus dem Paradies*, um 1580. **07** Le Corbusier, portraitiert von Lucien Hervé, 1952. **08** Le Corbusier, portratiert von Brassaï, 1952. © bpk, RMN – Grand Palais, Estate Brassaï. **09** Skizze der Cabanon, Le Corbusier, 1951. © F. L.C./VG Bild-Kunst, Bonn 2019. **10** *Von der Urhütte zur Wohnzelle*, aus: Le Corbusier, *Une Maison, un Palais*, 1928. © F. L.C./VG Bild-Kunst, Bonn 2019. **11** »The Snuggery«, fotografiert von Frank Hurley, 1916. © CC 4.0 / The State Library of NSW. **12** *Seite aus Frank Hurleys Tagebuch*, The State Library of New South Wales. **13** Kindheit im Ruhrgebiet, 1960er Jahre: Ballspielen vor einer Niessenhütte von 1947, Castrop-Rauxel. Helmut Orwat © LWL-Medienzentrum für Westfalen. **14** *Better Shelter, Sweden.* Emergency Temporary Shelter, MoMA 2010. © 2019 Digital image, The Museum of Modern Art, New York/Scala, Florence. **15** Thomas Cole, *Home in the woods*, 1847. **16** William Henry Jackson, *A Pike's Peak Prospector*, 1882–1900, Denver Library. **17** Postkarte der Abraham Lincoln Log Cabin Association, 1891. **18** *A Slave Cabin in Barbour County, Near Eufaula*, Library of Congress Prints and Photographs Division. **19** Arkadi Alexandrowitsch Rylow, *Lenin in Razliv*, 1934. **20** Hieronymus Bosch, *Die Versuchung des Heiligen Antonius*, 1510–1515. **21** Jan Sadeler nach Marten de Vos, aus der Reihe *Solitudo Sive Vitae Patrum Eremicolarum*, ca. 1606. **22** Richard Scholz, *Scholz' Künstler-Bilderbücher Nr. 5: Hänsel und Gretel*, 1920–1925. **23** Jessie Willcox Smith, Illustration für Johanna Spyris *Heidi*, Philadelphia 1922. **24** Richard Barnes, *Unabomber Cabin, Sacramento, CA*, 1998. © Richard Barnes. **25** *Interior of Unabomber Cabin*, FBI Media, 1996. **26** Digne Meller Marcovicz, *Martin Heidegger mit Wassereimer in der Hütte in Todtnauberg*, 1968. © bpk, Digne Meller Marcovicz. **27** *Site of Thoreau's hut, Lake Walden*, Concord, Mass., Library of Congress Prints and Photographs Division, 1908. **28** Zeichnung für Titelblatt: Henry D. Thoreau, *Walden; or life in the woods* (1854), Sophia Thoreau. **29** *Ideenmagazin für Liebhaber von Gärten, englischen Anlagen und für Besitzer von Landgütern*, Johann Gottfried Grohmann (Hg.), Vierter [sic!] Heft, 1796. **30** Richardson Cox, *Ralph Waldo Emersons Sommerhaus*, 1857. **31** C. Motte, *Cabane de J. J. Rousseau à Ermenonville*, 1810–1836. **32** Johann Baptist Schmitt, *Der Eremit in Flottbek*, 1795. **33** Renzo Piano, ›Diogene‹, 2013. © Vitra, Ariel Huber. **34** Caspar David Friedrich, *Nebelschwaden*, 1820. **35, 36** Fotos von Petra Ahnes Hütte von Max Lautenschläger.